PIEDRAS VIVAS

Principios de PEDRO
para *crecer* en CRISTO

JIM ADAMS

La misión de Editorial Portavoz consiste en desarrollar y distribuir productos de calidad —con integridad y excelencia—, desde una perspectiva bíblica y confiable, que animen a las personas a conocer y servir a Jesucristo.

Piedras vivas © 2025 por Jim Adams y publicado por Editorial Portavoz, filial de Kregel Inc., Grand Rapids, Michigan 49505. Todos los derechos reservados.

Ninguna parte de esta publicación podrá ser reproducida, almacenada en un sistema de recuperación de datos, o transmitida en cualquier forma o por cualquier medio, sea electrónico, mecánico, fotocopia, grabación o cualquier otro, sin el permiso escrito previo de los editores, con la excepción de citas breves o reseñas.

A menos que se indique lo contrario, todas las citas bíblicas han sido tomadas de la versión Reina-Valera © 1960 Sociedades Bíblicas en América Latina; © renovado 1988 Sociedades Bíblicas Unidas. Utilizado con permiso. Reina-Valera 1960™ es una marca registrada de American Bible Society, y puede ser usada solamente bajo licencia.

El texto bíblico indicado con «RVA-2015» ha sido tomado de la Reina Valera Actualizada © 2015 por Editorial Mundo Hispano. Usado con permiso. Todos los derechos reservados.

El texto bíblico indicado con «NVI» ha sido tomado de la Santa Biblia, NUEVA VERSIÓN INTERNACIONAL®, © 1999, 2015 por Biblica, Inc.® Reservados todos los derechos en todo el mundo.

El texto bíblico indicado con «NTV» ha sido tomado de la Santa Biblia, Nueva Traducción Viviente, © Tyndale House Foundation, 2010. Usado con permiso de Tyndale House Publishers, Inc., 351 Executive Dr., Carol Stream, IL 60188, Estados Unidos de América. Todos los derechos reservados.

Las cursivas añadidas en los versículos bíblicos son énfasis del autor.

EDITORIAL PORTAVOZ
2450 Oak Industrial Drive NE
Grand Rapids, MI 49505 USA
Visítenos en: www.portavoz.com

ISBN 978-0-8254-5149-2 (rústica)
ISBN 978-0-8254-5151-5 (Kindle)
ISBN 978-0-8254-5154-6 (epub)

1 2 3 4 5 edición / año 34 33 32 31 30 29 28 27 26 25

Impreso en los Estados Unidos de América
Printed in the United States of America

«Pedro fue alguien tosco, pasional y ciego a su propio corazón, hasta que Cristo lo tomó en sus amorosas manos y lo transformó en una «piedra viva». Jim Adams nos invita a tomar una piedra en nuestra mano y mirarla cuidadosamente. A pesar de no ser gran cosa, en las manos de Jesús tiene el potencial de convertirse en algo vivo, nuevo, real. Toma ahora este libro en tu mano. Léelo cuidadosamente. En las manos de Jesús tiene el potencial de transformarte a ti en una asombrosa "piedra viva"».

Dr. Nicolas E. Tranchini, autor de *Cambios profundos* y *Un año de cambios*

«En este libro, Jim Adams presenta valiosas enseñanzas sobre la vida del apóstol Pedro. A través de un análisis profundo del texto bíblico en su contexto cultural, nos lleva por el proceso de transformación que Jesús obró en el "hombre de piedra". Con un toque humano y personal, y un corazón pastoral, el autor relaciona la experiencia de Pedro con la nuestra. Las preguntas al final de cada capítulo y las acciones sugeridas refuerzan las verdades expuestas y su aplicación práctica. Esta obra enriquece y desafía nuestra experiencia como seguidores de Jesús».

Dr. Pablo Sywulka, rector emérito, Seminario Teológico Centroamericano (SETECA)

«Con *Piedras vivas*, Jim Adams se hace eco del estilo de vida de cualquier persona que camine o quiera vivir bajo la dirección del Señor. También hace un reflejo de su propia vida, un ejemplo mismo de Pedro como un hombre común y corriente en las manos de Dios, que pasó todo un proceso de transformación desde lo impetuoso hasta convertirse en el instrumento útil para el beneficio del reino de Dios. Las clases que Jim imparte en la formación espiritual siguen siendo el canal de transformación para muchos estudiantes. Te animo a emprender la lectura de este exquisito libro como una pequeña piedra que desea estar fundamentada en la Roca eterna».

Dr. Williams S. Trigueros Sola, director de DTS en Español

«Jim Adams ha tenido un gran impacto en mi vida. Fue mi profesor de Vida Espiritual en el seminario y luego compartimos cátedra de Formación Espiritual dirigida a estudiantes del último año de la licenciatura en Teología. Doy fe de que lo escrito en *Piedras Vivas* proviene directamente de sus continuos encuentros con su amado Señor y Salvador Jesucristo.

Me acerco una vez más a las enseñanzas del autor, como codiscípulo y coamigo del Autor y Consumador de la vida eterna a quien amamos y deseamos conocer plena y relacionalmente durante toda nuestra vida, porque esa es la vida eterna: que conozcamos al "único Dios verdadero, y a Jesucristo, a quien [ha] enviado"» (Jn. 17:3).

Dr. Carlos A. López, rector del Instituto Teológico FIET, Buenos Aires, Argentina

«Este libro describe, de una manera muy elocuente, cómo Jesús establece una amistad con Pedro y cómo puede hacer lo mismo con nosotros, por medio de su gracia y misericordia. El autor nos muestra que no era la fe, ni las habilidades de Pedro, sino la misericordia y la compasión de Cristo las que sostuvieron a Pedro y las que también nos sostienen a nosotros. Cada capítulo cuenta con preguntas de reflexión para utilizar en reuniones de grupos pequeños, estudios bíblicos y devocionales familiares».

Dr. Jorge Erdmenger, pastor asistente de Fraternidad Cristiana de Guatemala

«Este libro nos conecta con la majestuosidad, santidad y gloria de Jesús, a la vez que nos revela su gracia inmensurable y su amor incondicional. Nos despierta el corazón para poder encontrarnos con Jesús. Es un libro profundo y práctico, escrito por un hombre de Dios que nos inspira siempre a amar a Jesús».

Obed Palacios, pastor de la Iglesia Maranatha, San Salvador, El Salvador, y director ejecutivo de *Refresh*, un ministerio dedicado a la formación espiritual en la iglesia local

«Todos estamos construyendo nuestras vidas sobre diferentes fundamentos, pero este libro te ayudará a construirla sobre el mejor cimiento: ¡Cristo! En estas páginas escritas por mi amigo Jim Adams, leerás sobre la relación de Jesús con Pedro y serás motivado a crecer en tu amor por el Señor».

Dr. Walter Heidenreich, pastor general de la Iglesia Nazaret Central, Guatemala, Guatemala

Para las «piedras vivas»
de la Iglesia Nazaret, MCA, San Salvador:
hermanos y hermanas
que nos amaron como familia misionera
con paciencia suprema, ternura incansable y afecto inmerecido
en los años que Dios nos bendijo
con el privilegio de servirle juntos en su obra.

Con cariño especial para
Ernesto Berríos,
piedra viva en la casa de Jesucristo para siempre
(1937-2019).

Contenido

Prefacio 9

Primera parte: Comienzo

1. Amistad 15

Segunda parte: Crecimiento

2. Llamado 31
3. Rescatado 47
4. Bienaventurado 63
5. Reprendido 79
6. Lavado 95
7. Zarandeado 111
8. Consagrado 127

Tercera parte: Cosecha

9. Testimonio 145
10. ¡Sufrimiento! 163
11. ¡Gozo! 181
12. Gracia 197

Epílogo: ¡Reencuentro!........................... 211

Apéndices

Apéndice 1: Doce principios de Pedro 217
Apéndice 2: Plinio y los enemigos del estado 219
Agradecimientos 223

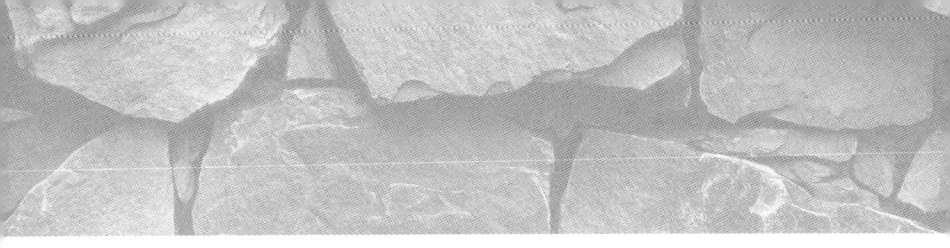

Prefacio

Cuando oyes el nombre «Pedro», el apóstol de Jesucristo, ¿cuál es la primera imagen que viene a tu mente? Levanta la mano si has escuchado frases como las siguientes: «es impetuoso», «es un gran fanfarrón», «es obstinado y creído», «es cobarde porque negó al Señor Jesús tres veces». Lejos de merecer su apodo de «hombre de piedra», Pedro parece ser una figura tragicómica, volátil, voluble y carente de la madurez espiritual que uno esperaría encontrar en el líder de los discípulos de Jesucristo. Creo que el mismo Pedro sería el primero en reconocer la validez de algunos de estos atributos despectivos.

Entonces, ¿qué cambió la vida de Pedro? En círculos evangélicos, es común hablar de la «restauración» de Pedro y de los cambios que el Espíritu Santo obró en él, y hay razón en eso. Sin embargo, después de haber pasado algunos años meditando en la vida de Pedro, estoy convencido de que la clave para comprender su cambio se encuentra en la última exhortación que tenemos de su pluma: «Antes bien, creced en la gracia y el conocimiento de nuestro Señor y Salvador Jesucristo» (2 Pedro 3:18). Estas palabras van mucho más allá de ser solo un toque literario que Pedro emplea para terminar bien su epístola. Son el testimonio de su vida con el Señor Jesucristo. Hablan de la trayectoria de su experiencia de la gracia inmensurable de Jesús. Sacan a la luz el asombro que todavía siente cada vez que recuerda que, por tres años, anduvo en amistad al lado del Hijo de Dios. Revelan el «secreto» del cambio en Pedro y del cumplimiento de su ministerio como «la roca» de la iglesia primitiva. Representan un legado de fe, esperanza

PREFACIO

y transformación que Pedro nos deja a nosotros, a una distancia de casi dos mil años.

Las páginas de los Evangelios pintan los tropiezos de Pedro de colores más vívidos que los de cualquier otro personaje bíblico. Si bien en el caso del apóstol Pablo vemos una transformación casi instantánea, en Pedro vemos un proceso lento en el que la gracia de Jesús va transformando personas tan comunes y corrientes como nosotros. Mi esperanza es que su vida nos sirva como una «ventana» por medio de la cual podamos volver a contemplar, apreciar y abrazar la gloria de la gracia de Jesucristo.

¿Por qué será importante volver a contemplar la gracia de Cristo? Porque, según el autor Tony Reinke, nos toca seguir a Jesús en un mundo enloquecido por los «espectáculos» mediáticos, que disminuyen cada vez más nuestra capacidad para adorar a Jesucristo Crucificado, Resucitado y Ascendido como el gran «Espectáculo» de toda la eternidad.[1] Comenta Reinke:

> Cautivado por largo tiempo por los espectáculos relucientes y rebuscados de este mundo, nuestro corazón no puede crecer en su deleite en Cristo. Si nos alimentamos de Cristo, su gloria satisface nuestro corazón y aumenta nuestro deseo por más de Él. Sin embargo, vivimos en este mundo con la tensión entre lo que cautiva nuestros ojos y lo que alimenta nuestra alma.[2]

Mi oración es que los encuentros entre Pedro y Jesús —que son el tema de este libro— te ayuden a alimentar tu alma con la hermosura de la gracia de Cristo.

Permíteme concluir el Prefacio con tres aclaraciones breves sobre este libro. En primer lugar, me he esforzado por no presentar a Pedro

---

1. Tony Reinke, *Competing Spectacles: Treasuring Christ in the Media Age* (Wheaton, IL: Crossway, 2019), 77-82.
2. Reinke, *Competing Spectacles*, 91-92.

como «ejemplo»: ni para imitar ni tampoco para denigrar. El propósito de este libro no es mirar el ejemplo de Pedro, sino más bien mirar a Cristo por medio de las «ventanas» que nos ofrece la vida de Pedro.

En segundo lugar, cuando me refiero a la *gracia*, no me limito a la gracia que nos justifica en el momento de poner nuestra fe en Cristo.[3] Más bien *crecemos* en la gracia de Cristo, en toda la amplitud que describe Jerry Bridges:

> Tenemos entrada en el reino de Dios por gracia; somos santificados por gracia; recibimos bendiciones materiales y espirituales por gracia; somos motivados a obedecer por gracia; somos llamados y empoderados para servir por gracia, recibimos fuerzas para perseverar en pruebas por gracia; y por fin somos glorificados por gracia. Toda la vida cristiana se vive bajo el reino de la gracia de Dios.[4]

Precisamente, la inmensidad de esta gracia en Jesucristo irá transformando la vida de Simón Pedro.

En tercer lugar, el lector atento descubrirá que hay otros autores que han escrito con mayor habilidad y erudición sobre los detalles históricos, teológicos y culturales relacionados con la vida y carrera del pescador de Betania. Son mis maestros, y ante ellos me quito el sombrero. El deseo irresistible que dio a luz a este libro es mi propio deseo de seguir creciendo en «la gracia y el conocimiento de Jesucristo», hasta mi último respiro en esta tierra. Sería un gran honor que me acompañaras en este peregrinaje, en el cual somos llamados a vivir como «piedras vivas»:

---

3. El profesor James Wilhoit observa que menos del 10% de los usos de la palabra *gracia* en el Nuevo Testamento se refieren principalmente a la justificación. Véase James C. Wilhoit, *Spiritual Formation as if the Church Mattered: Growing in Christ through Community* (Grand Rapids, MI: Baker Academic, 2008), 79.

4. Jerry Bridges, *Transforming Grace: Living Confidently in God's Unfailing Love* (Colorado Springs, CO: NavPress, 2008), 21.

Acercándoos a él, piedra viva… vosotros también, como piedras vivas, sed edificados como casa espiritual y sacerdocio santo, para ofrecer sacrificios espirituales aceptables a Dios por medio de Jesucristo (1 Pedro 2:4-5).

Jim Adams
10 de diciembre de 2024

Primera parte

COMIENZO

En la amistad, unimos la humildad con la benignidad, la verdad con el gozo, la gentileza con la amabilidad, y el afecto con la caridad. Todo aquello comienza con Cristo, avanza por medio de Cristo y se perfecciona en Cristo.

Elredo de Rieval[1]

Todos los tipos y grados de amistad se encuentran en Cristo.

Puritano Richard Sibbes[2]

---

1. Aelred de Rievaulx (Elredo de Rieval), *Spiritual Friendship*, trad. Lawrence C. Braceland, ed. Marsha L. Dutton (Collegeville, MN: Cistercian Publications, 2010), 75.

2. Citado en Dane Ortlund, *Manso y Humilde: el corazón de Cristo para los pecadores y heridos* (Nashville, TN: B&H Español, 2021), 118.

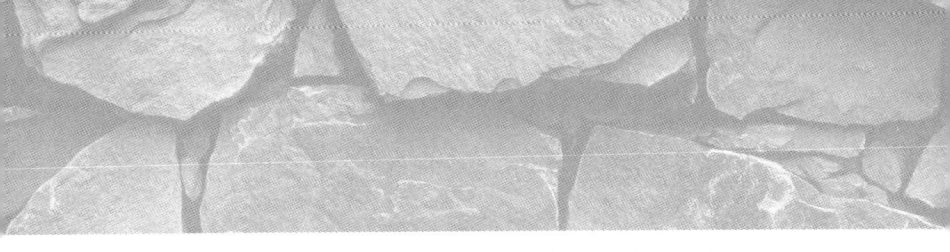

Amistad

~~~~~~~~~~~~~~~~~~~~~~~~~~~~~

Principio de Pedro #1:
Jesús busca una amistad contigo
que transformará tu destino.

«¡Hemos hallado al Mesías!» (Juan 1:41). Con estas cuatro palabras, Andrés deja estupefacto a su hermano Simón Pedro. ¿Cómo habrá reaccionado Pedro ante tal anuncio atrevido de Andrés? «¿*Tú*, Andrés, hallaste al Mesías? ¿Dónde? ¿Cómo sabes que es *el* Mesías? ¿Estás seguro?». Al igual que todo judío del primer siglo, Pedro soñaba con la llegada del Mesías, quien quebrantaría la opresión del Imperio romano para restaurar el reino triunfante de Dios en Israel.³ Pero Pedro también creía que cuando viniera el Mesías, los pescadores inmundos como él no serían muy bienvenidos en su presencia. No, el privilegio de asociarse con el Mesías y tener un protagonismo en su reino sería reservado para las élites religiosas como los fariseos y los maestros de la ley.⁴ A los ojos de Pedro, la

---

3. Había bastante expectativa mesiánica en la Palestina del primer siglo. N. T. Wright y Michael F. Bird, *The New Testament in its World: An Introduction to the History, Literature and Theology of the First Christians* (Londres: SPCK, 2019), 90-94, 118-123 y 134; Philip Yancey, *The Jesus I Never Knew* (Grand Rapids, MI: Zondervan, 1995), 52 y 56-58.

4. Simón Pedro y otros de la clase trabajadora eran de la clase que se llamaba «gente del lugar» [*am ha' aretz*], personas de bajo prestigio, quienes no tenían la posibilidad —ni mucho interés— de cumplir con todas las leyes religiosas que

declaración de Andrés: «¡Hemos hallado al Mesías!» era otro ensueño de fervor mesiánico, nada más.

Pese a las dudas de Pedro, Andrés estaba convencido de que el Mesías había venido en la persona de Jesús de Nazaret. Había oído a Juan el Bautista testificar: «Vi al Espíritu que descendía del cielo como paloma, y permaneció sobre él [Jesús]» (Juan 1:32). Según el Bautista, aquel carpintero desconocido de Nazaret era el «Cordero de Dios», quien quitaría el pecado del mundo y bautizaría a los suyos con el Espíritu Santo (Juan 1:29, 33-34, 36). Andrés insistió... y logró persuadir a Pedro para que lo acompañara a Betábara, cerca del río Jordán, donde Juan estaba bautizando (Juan 1:28). Así, Andrés «le trajo a Jesús» (Juan 1:42).

Ahí, en aquel lugar tan recóndito que ni siquiera sabemos con exactitud dónde estaba,[5] Jesús y Pedro se conocen: el carpintero de Nazaret y el pescador de Betsaida. ¿De qué habrán hablado? ¿Del pescado y la injusticia de los impuestos que los romanos cobraban por cada pez sacado del mal nombrado Lago de Tiberio? ¿Esperaba Pedro que Jesús presentara alguna prueba o señal milagrosa para confirmar su identidad de Mesías? El texto registra solo las palabras de Jesús: «Y mirándole Jesús, dijo: Tú eres Simón, hijo de Jonás; tú serás llamado Cefas (que quiere decir, Pedro)» (Juan 1:42).[6] El nombre «Pedro»

---

observaban los fariseos y los escribas. Véase Adam Hamilton, *Simon Peter: Flawed but Faithful Disciple* (Nashville, TN: Abingdon, 2018), 20-21.
5. Es incierta la ubicación exacta del lugar llamado Betábara o Betania. Posiblemente, estaba al noreste del Mar Muerto (véase Ralph Heim, *A Harmony of the Gospels* [Philadelpia, PA: Fortress, 1947]). Otra posibilidad es que estaba unos dieciocho kilómetros al sur del Lago de Galilea (véase Ryrie Study Bible NASV [Chicago, IL: Moody, 1978], mapa n.º 9). Lo cierto es que no es la misma Betania de Marta, María y Lázaro que estaba a unos tres kilómetros de Jerusalén. Otra pregunta interesante que el texto no contesta es qué clase de esfuerzo tuvo que hacer Andrés para llevar a Pedro a donde estaba Jesús ¿Estaba Pedro en Betsaida —lo cual implicaría que Andrés tuvo que emprender un viaje para buscarlo y llevarlo a Jesús— o ya estaba presente donde Juan estaba bautizando, pero no era un discípulo de Juan como su hermano Andrés?
6. «hijo de Juan» según los mejores manuscritos. Bruce Metzger, *A Textual Commentary on the Greek New Testament* (Nueva York: United Bible Societies, 1971), 201.

significa «hombre de piedra». Pero ¿qué clase de «hombre de piedra» podría llegar a ser este pescador común y corriente? ¿Qué tenía en mente Jesús al ponerle un apodo tan extraño?

¿Mi amigo Jesús?

Con estas palabras sorprendentes, «tú serás llamado Pedro», Jesús inicia su amistad con Simón: una amistad que transformará a Simón, el pescador, en Pedro, el hombre de piedra. Los amigos siempre cambian nuestra vida, ¡para bien o para mal! Quizá tengas un amigo o amiga cuya amistad ha marcado un antes y un después en tu vida. Pero ¿es posible experimentar esa clase de amistad *con Jesús*?

Descartemos de una vez por todas la idea frívola de una amistad con Jesús, en la cual lo tratamos como «mi amigazo» del vecindario o como si fuera un viejo compañero del colegio. ¡No confundamos la amistad con Jesús con la comodidad con Jesús! Por otro lado, no debemos creer que el señorío de Jesús excluya la amistad genuina con Él. ¿Será posible que el eterno y exaltado Hijo de Dios busque la amistad contigo? ¡Sí! Él *desea* la amistad contigo.

Se resuelve el dilema si recordamos que Jesús es quien define la naturaleza de nuestra amistad con Él. En la última noche que pasó con sus discípulos, Jesús le dijo a Pedro y a los demás: «Nadie tiene mayor amor que este, que uno ponga su vida por sus amigos. Vosotros sois mis amigos, si hacéis lo que yo os mando» (Juan 15:13-14). No mucho antes, durante la misma noche, Jesús les había recordado a los discípulos: «Vosotros me llamáis Maestro, y Señor; y decís bien, porque lo soy» (Juan 13:13). En estas dos declaraciones, aprendemos un principio fundamental: el *señorío* de Jesús produce una *amistad* incomparable con Jesús. Pedro y Jesús se amaban mutuamente como amigos. Sin embargo, Jesús llamaba a Pedro «Simón», mientras que Pedro llamaba a Jesús «Señor» o «Maestro».[7] En su carta final, Pedro,

---

7. De manera similar, Abraham fue llamado el amigo de Dios en Santiago 2:23, Isaías 41:8 y 2 Crónicas 20:7, pero Abraham llamaba a Dios «Señor, Jehová» (Génesis 15:2) o «mi Señor» (Génesis 18:27, 30-31). Dios hablaba con Moisés cara

quien amaba a Jesús como su mejor amigo, se identifica como «siervo de Jesucristo» (2 Pedro 1:1). La palabra traducida «siervo» se usaba para hablar de los esclavos (*doulos*) en aquel entonces. Será lo mismo en tu amistad con Jesús. Si lo sigues como su discípulo, Él te llamará «amigo». Pero tú siempre lo llamarás «Señor». Jesús no será *tu* amigo en la vida que piensas construir para tu propio beneficio, sino que tú serás su amigo en el reino que Él piensa construir para el beneficio de los demás. El señorío de Jesús no significa *menos* amistad contigo, ¡significa *más*! Como *Señor*, Jesús sabe cómo compartir contigo su consuelo, afecto, apoyo, consejo, corrección, reprensión, aceptación, compasión y gracia sobreabundante, en una amistad genuina que cambiará toda fibra de tu ser. La verdad es que no necesitas otro amigo como tú; necesitas un amigo como Jesús. Según el teólogo Jonathan Edwards, «todo lo que se pudiera desear en un amigo está en Cristo, y está en Cristo en la medida más elevada que se pudiera desear».[8] El señorío de Jesús no diluye la riqueza de tu amistad con Él, y tampoco diluye tu amistad con Él tu sumisión absoluta a su señorío.

> *No necesitas otro amigo como tú; necesitas un amigo como Jesús.*

Tres características de la amistad con Jesús

Entonces, ¿qué clase de amistad le ofrece Jesús, el Hijo de Dios, al pescador Simón de Betsaida? ¿Qué clase de amistad te ofrece a ti? Entre las muchas dimensiones de la amistad con Jesucristo, quiero destacar tres: (1) la participación, (2) la reconstrucción y (3) la revolución.

---

a cara como a su compañero (Éxodo 33:11), pero Moisés nunca llamaba a Dios su «amigo», y Dios no le permitió mirarle la cara (Éxodo 33:20-23).
   8. Jonathan Edwards, *The Works of Jonathan Edwards: Sermons and Discourses 1734-1738*, vol. 19, ed. M. X. Lesser (New Haven, CT: Yale University Press, 2001).

1. Participación: lo que Cristo compartirá contigo

Los buenos amigos comparten con generosidad. Hay mutualidad. Hay compañerismo. Cada uno comparte con el otro lo mejor que posee. La Biblia usa la palabra *koinonía* para describir nuestra participación en la plenitud que Jesucristo nos comparte como Amigo.[9] Participamos con Cristo en la vida abundante filial que nos da en nuestro Padre celestial (Efesios 1:3-6; 2 Pedro 1:4).[10] Participamos con Cristo en su misión, llevando fruto abundante, como pámpanos unidos a Él, la Vid verdadera (Juan 15:1-11). Participamos con Cristo en sus sufrimientos para participar también con Él en su gloria, cuando se manifieste (Romanos 8:17; Colosenses 3:4).

Por supuesto, en este primer encuentro en Betábara, Pedro no tiene la menor idea de la magnitud de la participación que tendrá con Cristo. Sin embargo, creo que entiende la primera muestra de gracia en las palabras enigmáticas de Jesús: «Tú *eres* Simón, hijo de Jonás; tú *serás* llamado Pedro», hombre de piedra.

¿Ves la gracia de Jesús en estas palabras? En términos crudos, Pedro es un «don nadie». El nombre Simón era el nombre más común entre los judíos de Palestina de aquella época.[11] Pedro no tiene apellido —es nada más Simón, «hijo de Jonás»—, pues los apellidos eran reservados para las familias prestigiosas.[12] Sin embargo, Jesús invita a Pedro —y

---

9. Véase P. T. O'Brien, «Fellowship, Communion, Sharing», en *Dictionary of Paul and his Letters*, eds. Gerald F. Hawthorne, Ralph P. Martin, Daniel G. Reid (Downers Grove, IL: InterVarsity, 1993), 293-295.

10. «*ser partícipes* en la naturaleza divina» (2 Pedro 1:4) viene de la misma raíz que *koinonía*. Se usa en Lucas 5:10 para hablar de los compañeros de Pedro en su negocio de pesca. Pedro utiliza la misma palabra para describirse a sí mismo como participante de la gloria de Cristo que será revelada (1 Pedro 5:1). Con la frase «ser partícipes en la naturaleza divina», Pedro no quiere decir que podamos llegar a ser pequeños dioses. Solo enfatiza que tú y yo podemos participar en la plenitud de vida que el Padre imparte por medio de su Hijo Jesús. Pablo dice lo mismo en Efesios 3:19.

11. Richard Bauckham, *Jesus and the Eyewitnesses: The Gospels as Eyewitness Testimony* (Grand Rapids, MI: Eerdmans, 2006), 71-72.

12. Es probable que la vocación de pescador fuera respetable pero no muy valorada. Véase Larry R. Helyer, *The Life and Witness of Peter* (Downers Grove,

a los demás discípulos— a participar (tener *koinonía*) con Él en su ministerio con el Padre. En la noche previa a su crucifixión, Jesús les promete a sus discípulos una participación plena como amigos en el «negocio familiar» que lleva a cabo con su Padre:

Ya no os llamaré siervos, porque el siervo no sabe lo que hace su señor; pero os he llamado amigos, porque todas las cosas que oí de mi Padre, os las he dado a conocer. No me elegisteis vosotros a mí, sino que yo os elegí a vosotros, y os he puesto para que vayáis y llevéis fruto, y vuestro fruto permanezca; para que todo lo que pidiereis al Padre en mi nombre, él os lo dé (Juan 15:15-16).

Recordando estas palabras, el apóstol Juan escribe unos sesenta años después: «lo que hemos visto y oído, eso os anunciamos, para que también vosotros tengáis comunión con nosotros; y nuestra comunión (*koinonía*) verdaderamente es con el Padre, y con su Hijo Jesucristo» (1 Juan 1:3). La amistad con Jesucristo te llama a formar parte del servicio gozoso con Él, que describe el pastor Siang-Yang Tan:

El Señor Jesús nos ha llamado al servicio que nace de una amistad profunda, íntima y amorosa de comunión con Él. No servimos por motivos de obligación, deber, culpabilidad, temor o la búsqueda egoísta de atención y aplausos, lo cual resulta en servidumbre. Se trata de servir a nuestro Mejor Amigo. Al servir así, experimentamos el gozo profundo y realizamos nuestro propósito.[13]

IL: InterVarsity, 2012), 27-28. Otros creen que los pescadores eran personas despreciadas por su asociación con el mar. *Biblia de Estudio Mundo Hispano* (El Paso, TX: Mundo Hispano, 2012), 2030 (nota Lucas 5:10).

13. Siang-Yang Tan, *Full Service: Moving from Self-Serve Christianity to Total Servanthood* (Grand Rapids, MI: Baker, 2006), 16.

En la amistad con Cristo, no importa tu apellido, tu trasfondo, tu etnia, tus talentos, tu dinero o tu estatus social, porque «*fiel* es Dios, por el cual fuisteis llamados a la comunión (*koinonía*) con su Hijo Jesucristo, nuestro Señor» (1 Corintios 1:9).

2. *Reconstrucción: lo que Cristo hará en ti*

La participación en la amistad con Jesús siempre resulta en la reconstrucción de nuestra vida: lo que se podría llamar el «quebrantamiento reconstructivo». Déjame explicar esta frase. Jesús le puso a Simón el apodo de «Pedro», pero siempre se dirigía a él usando el nombre «Simón» (con las notables excepciones de Mateo 16:18 y Lucas 22:34). Entonces, ¿por qué habrá acuñado Jesús un apodo tan raro para Pedro si no lo iba a usar cuando hablaba con él?

La respuesta más convincente es que Jesús ya veía en Pedro lo que Pedro llegaría a ser: un hombre de piedra en el ministerio de Cristo. Y ¿de qué manera sería transformado Simón, el pescador, en Pedro, el discípulo de piedra? ¡Por el quebrantamiento reconstructivo! En los encuentros de gracia que veremos entre Jesús y Pedro a lo largo de este libro, el Señor quebrantará una y otra vez la voluntad intransigente de Pedro. Jesús se dedicará a quebrar, rehacer, reformar, cincelar, raspar, limar, lijar y pulir su carácter. Y lo hará todo como *el mejor amigo* de Pedro, sabiendo que Simón, el pescador, nunca llegará a ser Pedro, el hombre de piedra, hasta que la voluntad de Jesús sea la piedra angular de la voluntad de Pedro. Una y otra vez, este pescador aprenderá en su amistad con Jesús que «fieles son las heridas del que ama» (Proverbios 27:6).

En su libro clásico sobre la amistad espiritual, Elredo de Rieval califica la lealtad como la virtud suprema entre amigos. Asevera: «En la amistad nada supera la lealtad, la cual es la nodriza y el guardián de la amistad».[14] Por curiosidad, hice mi propia investigación informal en varios sitios de Internet para indagar cuáles son las virtudes más

---

14. Elredo de Rieval, *Spiritual Friendship*, 102.

valoradas en un amigo. Entre muchos candidatos, la virtud ganadora era la de ser leal y digno de confianza.[15] Pero ¿qué entendemos por «lealtad»? ¿Significa nada más que nuestro amigo consienta nuestros caprichos? ¿Habrá entendido Pedro que la lealtad de su amigo Jesús se mostraría en el quebrantamiento reconstructivo de todas las dimensiones de su vida? ¿Habrá entendido Pedro que la lealtad de Jesús se mostraría en emplear sus fracasos como un yunque de amor sobre el cual Jesús forjaría en Pedro las cualidades que necesitaría para apacentar las ovejas de Jesús?

¿Entiendes que Jesucristo hará contigo el mismo quebrantamiento reconstructivo que hizo con Pedro, siempre como tu Amigo leal? Puedo dar testimonio de todas las maneras en las que Jesús ha ido quebrantando mi voluntad —egocéntrica, errada y rebelde— y cómo lo sigue haciendo sin dejar de ser mi Amigo leal. Hará lo mismo contigo, siempre con el fin de reconstruirte en un «discípulo de piedra», preparado enteramente para participar con Jesús en el ministerio al cual te llame.

En su libro *Becoming Friends* [Llegando a ser amigos], Paul Wadell describe cómo los amigos nos ayudan a ir más allá de lo que podríamos ser sin ellos:

> Nuestros amigos moldean nuestro carácter. Influyen en nuestras actitudes, valores y percepciones. Nos desafían, nos enseñan a no tomarnos a nosotros mismos demasiado en serio y nos dan esperanza. Y lo que es más importante, nuestros

---

15. Otras cualidades valoradas en un amigo incluyen la empatía, el amor incondicional y la honestidad («el que te critica de frente y te elogia de espaldas»). El lector puede consultar sitios como los siguientes: https://dosis-de-psicologia.blogspot.com/2020/02/amistad-verdadera.html; https://www.colegiojurista.com/blog/art/cualidades-de-un-buen-amigo/; https://www.ehowenespanol.com/10-caracteristicas-amistad-info_196368/; https://lanoticia.com/vidasana/cualidades-amigo-verdadero-tesoro-cura-el-alma-manos-que-despeinan/; https://www.bustle.com/life/qualities-of-a-good-friend; https://www.psychologytoday.com/us/blog/lifetime-connections/201503/the-13-essential-traits-good-friends.

amigos quieren lo mejor para nosotros y nos ayudan a conseguirlo. Ven nuestras posibilidades más prometedoras —la verdadera imagen de Dios en nosotros— y nos ayudan a ir creciendo en esa imagen hasta completarla.[16]

Amado lector, de la misma manera en que el Señor Jesús vio las «posibilidades más prometedoras» en Simón, el pescador de Betania, las ve en ti. Con el fin de llevar a cabo el quebrantamiento reconstructivo en tu vida, el Señor Jesús hará cualquier cosa, menos una: ¡soltarte! Nunca soltó a Simón Pedro y nunca te soltará a ti, porque «en todo tiempo ama el Amigo eterno» (ver Proverbios 17:17).

3. Revolución: lo que Cristo formará en ti

La amistad con Jesucristo producirá una revolución en nuestra vida porque, por medio de ella, Jesús nos enseñará la naturaleza verdadera del amor sacrificial. En la última cena que Jesús celebró con sus discípulos, les dijo: «Esto os mando: Que os améis unos a otros, como yo os he amado» (Juan 15:12). ¿A qué clase de amor se refiere Jesús? Él mismo da la respuesta: «Nadie tiene mayor amor que este, que uno ponga su vida por sus amigos» (Juan 15:13). La palabra traducida *amigos* (*philoi*) en Juan 15 comunica el profundo afecto y aprecio que Jesús les tenía a sus queridos discípulos. Sin embargo, ninguno entendió en ese momento la clase de amor que llevaría a su Maestro y Señor a entregar su vida por ellos en la cruz. El amor que Jesús les da a sus discípulos es la medida del amor que pide de ellos como amigos. Comenta Gail O'Day:

> Jesús les dio todo a sus amigos: su conocimiento de Dios y su propia vida. Jesús es nuestro modelo de amistad, porque amó sin límites; y hace posible que nosotros vivamos una vida de amistad, porque hemos sido transformados por medio de

---

16. Paul Wadell, *Friendship and the Moral Life* (Notre Dame IN: University of Notre Dame, 1989).

todas las cosas que compartió con nosotros. Por medio de la amistad [de Jesús], llegamos a conocer a Dios y por medio de la amistad, encarnamos el amor de Dios.[17]

En su amistad con Jesús, Pedro conocerá por primera vez el amor que es mayor que cualquier otro amor, y ese amor lo irá transformando en el hombre de piedra. Tomemos nota de que la amistad que Jesús le ofrece a Pedro no lo convertirá en un hombre de piedra invencible, intocable e indestructible. Al contrario, la amistad con Jesús convertirá a Pedro en un hombre capaz de amar a los demás con el mismo amor sacrificial que él había recibido de Jesús. ¡Esa es la clase de hombre que será el verdadero hombre de piedra en el ministerio de Cristo!

Sin embargo, cuando Jesús mira a Simón el pescador por primera vez, no ve a esa clase de hombre. Ve a un hombre igual a nosotros, que trae una agenda cargada de sus propios sueños vanidosos. Ve a un hombre profundamente necesitado de una revolución de amor que solo la amistad con Jesús puede producir. Igual que con Pedro, la amistad con Jesús producirá en tu vida y en la mía una revolución, donde el amor que recibimos de Cristo se convierte en la clase de amor por los demás que describe el apóstol Pablo: «Y andad en amor, como también Cristo nos amó y se entregó a sí mismo por nosotros, ofrenda y sacrificio a Dios en olor fragante» (Efesios 5:2). El amor que Cristo te ha dado —y que sigue derramando sobre ti por el poder del Espíritu Santo— revolucionará tu corazón y lo hará semejante al suyo. ¡Esa es la «posibilidad prometedora» más grande de todas!

La amistad con Jesús producirá en tu vida... una revolución.

---

17. Gail R. O'Day, «I Have Called You Friends», *Center for Christian Ethics* (Baylor University, 2008), 27.

Conclusión

¿Ya conoces a Jesucristo como Salvador? ¿Conoces la amistad con Él? ¿La deseas? Muchos creyentes que tienen su «identidad» en Cristo todavía no saben cómo caminar en amistad con Él. Jesucristo busca la amistad contigo, una amistad divina en la que tu experiencia de participación, reconstrucción y revolución cambiará el «tú eres» de hoy por el «tú serás llamado» de tu destino con Cristo. ¿Dudas que sea posible para ti? Lee con atención las palabras de Jonathan Edwards:

> Cristo se dará a sí mismo a ti (por medio de la fe) con todas las excelencias diversas que se reúnen en Él, todo para tu plena y eterna alegría. Te tratará siempre como su amigo querido, y estarás siempre donde Él esté, para contemplar su gloria y morar con Él en la libertad máxima de comunión íntima y gozo (1 Juan 3:1; Apocalipsis 21:1-7).[18]

¡Te invito a seguir leyendo para unirte a la aventura de la amistad verdadera con Jesús!

---

18. Jonathan Edwards, *The Works of Jonathan Edwards: Sermons and Discourses 1734-1738*, vol. 19, ed. M. X. Lesser (New Haven, CT: Yale University Press, 2001).

Guía de estudio

Capítulo 1: **Amistad**

Resumen del capítulo

Jesús busca la amistad contigo porque, por medio de ella, transformará tu vida y tu destino como seguidor de Él.

Para comenzar

¿Cuáles son algunas cualidades importantes para ti en una amistad? ¿De qué manera ves esas cualidades reflejadas «en grande» en la persona de Jesús?

Preguntas para contestar

1. Lee Juan 1:29-34. ¿Cuáles son algunos elementos importantes acerca de Jesús que son revelados en el testimonio de Juan el Bautista? ¿Por qué habrán motivado a Andrés a ir a buscar a su hermano Pedro?
2. ¿Qué le dijo Jesús a Pedro en su primer encuentro en Juan 1:42? ¿Por qué era tan sorprendente el nombre nuevo que Jesús le puso a Pedro?
3. Según el autor, ¿cómo es posible tener una amistad con Jesús sin perder la sumisión a Él como Señor y Maestro?
4. ¿Cuáles son las tres características de una amistad genuina con Jesús? ¿Cuál de las tres te llamó más la atención cuando leíste este capítulo?
5. Lee Juan 15:15-16. ¿Por qué dice Jesús que sus discípulos ya no son «siervos», sino «amigos»? ¿Qué aprendes de eso para tu propia amistad con Jesús?
6. ¿Qué entendiste por la frase «quebrantamiento reconstructivo»? ¿Ha hecho Cristo el quebrantamiento reconstructivo en tu vida? ¿Cuándo? ¿Cómo?

7. Describe la «revolución» de amor que Jesucristo desea producir en nosotros como sus discípulos. ¿Por qué será tan revolucionaria la clase de amor que Jesús describe y de qué manera nos modeló Jesús ese amor?
8. Examina tu corazón y completa la siguiente oración:
En este momento, el factor que más me pide responder a la amistad de Jesús es _____.

Para orar

- Ora que el Espíritu Santo exponga las excusas o justificaciones que utilizas para no responder a la amistad de Jesús.
- Toma unos minutos para alabar al Señor por su gracia en extenderte la amistad que es como ninguna otra.

Para meditar durante la semana

Toma tiempo en esta semana para meditar en Juan 15:1-20. ¿Cuáles son las características de la amistad con Jesús que te atraen? ¿Cuáles son las características que podrían resultar en el sufrimiento?

Segunda parte

CRECIMIENTO

Y los escribas y los fariseos murmuraban contra los discípulos, diciendo: ¿Por qué coméis y bebéis con publicanos y pecadores? Respondiendo Jesús, les dijo: Los que están sanos no tienen necesidad de médico, sino los enfermos. No he venido a llamar a justos, sino a pecadores al arrepentimiento.

Lucas 5:30-32

Pensar mucho en la magnitud de nuestro pecado
nos llevará a la desesperación.

Pensar mucho en la magnificencia de Cristo
nos llevará a la consolación.

Charles H. Spurgeon

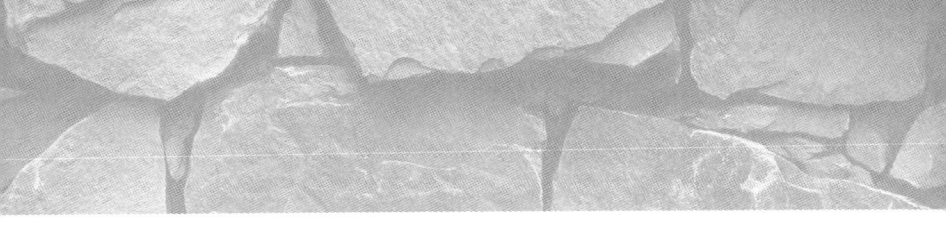

Llamado

Principio de Pedro #2:
Tu propia experiencia de la gracia de Jesús
es la red que echarás como pescador de
otros tan necesitados como tú.

DESPUÉS DE LOS CUARENTA DÍAS en el desierto, donde sufrió la ferocidad de las tentaciones de Satanás, Jesús regresa a Galilea. Regresa en el poder del Espíritu Santo, anunciando: «El Espíritu del Señor está sobre mí, por cuanto me ha ungido para dar buenas nuevas a los pobres» (Lucas 4:14, 18; Isaías 61:1). Las buenas nuevas de Jesús ofrecen los tesoros inauditos del reino de Dios a la multitud de los pobres, abatidos, oprimidos y quebrantados de corazón que anhelan ver «el año agradable del Señor» (Lucas 4:19).

Así, en las horas matutinas de cierto día, Jesús enseña en la playa del lago de Galilea, pero «el gentío se agolpaba sobre él para oír la Palabra de Dios» (Lucas 5:1). Hay frustración. Hay empujones. Hay enojo. Jesús sabe que pronto se desatará un caos que hará difícil que la gente ponga atención a las buenas nuevas del reino de Dios. En este momento:

> [Jesús] vio dos barcas que estaban a la orilla del lago; y los pescadores, habiendo descendido de ellas, lavaban sus redes. Y entrando en una de aquellas barcas, la cual era de Simón, le

rogó que la apartase de tierra un poco; y sentándose, enseñaba desde la barca a la multitud (Lucas 5:2-3).

Haz una pausa para visualizar la escena. Jesús se sube a la barca de Pedro, y Pedro la aleja un poco de la orilla para posicionar a su amado Rabí en el lugar óptimo para la proyección de sus palabras.[1] Con unas maniobras finas de los remos, Pedro mantiene la barca estable en medio de las olas y escucha una vez más las enseñanzas asombrosas de Jesús. Algunos entre la multitud reconocen la barca de Pedro y especulan sobre su participación en el ministerio de Jesús: «¿Será *Simón*, el pescador de Betsaida, uno de sus íntimos discípulos? ¿Por qué califica *Simón* para acompañar a Jesús en su ministerio?». Es un momento grato para Pedro. Sentado en su barca, visto por mucha gente, se siente contento y cómodo en el servicio que le presta al Señor.

A estas alturas, Pedro lleva más o menos un año y medio de amistad con Jesús.[2] En la persona de Jesús, Pedro ve el pináculo de sus propias aspiraciones. Jesús es un hombre valeroso, poderoso en acción y palabra, incomparable en santidad, lleno de compasión y sabiduría. Cuando Jesús ora, se dirige a Dios como su «Padre». Jesús hace cosas que ningún otro hace —o ha hecho— en toda la historia de Israel. Convirtió agua insípida en vino exquisito en una boda en Caná (Juan 2:1-11). Volcó las mesas de los cambistas corruptos en el templo y los echó fuera usando solo un azote de cuerdas (Juan 2:13-22). Venció al gran fariseo Nicodemo en un debate teológico sobre la naturaleza del reino de Dios (Juan 3:1-21), y demostró el alcance de su reino ofreciendo agua viva a una mujer marginada de Samaria (Juan 4:1-26). Después sanó al hijo de un oficial real con solo su palabra, ¡a una distancia de veinticinco kilómetros! (Juan

---

1. Alejar la barca un poco de la orilla hubiera mejorado la acústica y convertido el lugar en un pequeño anfiteatro. Craig S. Keener, *The IVP Bible Background Commentary: New Testament* (Downers Grove, IL: InterVarsity, 1993), 207.
2. F. B. Meyer, *Peter: Fisherman, Disciple, Apostle* (Irlanda: CrossReach Publications, 2022), 21.

4:46-54). Para Pedro, ¡no hay otro como Jesús! Pero la comodidad con Jesús que Pedro disfruta en su barca está por tornarse en un encuentro de profunda incomodidad.

¿Cómodos en la barca con Jesús?

¿Te sientes cómodo en tu barca que le prestas a Jesús? En nuestra amistad con Jesucristo, todos pasamos por etapas en las cuales nos sentimos cómodos con el servicio que le prestamos. Sabemos qué esperar de Jesús. Le servimos fielmente en la iglesia, y los demás reconocen la calidad de nuestro ministerio. Nos encanta escuchar mensajes dirigidos a los que deben arrepentirse de su falta de compromiso y hacerse más como nosotros. Si te sientes cómodo con Jesús, ¡prepárate! Prepárate para la gracia incómoda de Jesús, porque lo que Él más quiere no es el uso de tu barca, sino la entrega de tu vida.

Prepárate para la gracia incómoda de Jesús, porque lo que Él más quiere no es el uso de tu barca, sino la entrega de tu vida.

Concluida la enseñanza, Jesús interrumpe la comodidad de Pedro con una petición extraña: «Cuando terminó de hablar, dijo a Simón: Boga mar adentro y echad vuestras redes para pescar» (Lucas 5:4) ¿Para pescar? ¿De veras? ¿No entiende Jesús que las redes han sido lavadas y limpiadas minuciosamente de las algas y las partículas de arena que las pueden arruinar? Será un gran inconveniente sacarlas otra vez y tener que volver a limpiarlas. Y ¿no será por gusto?, porque la mejor pesca se hace de noche cuando los peces se acercan a la superficie para alimentarse y no detectan la presencia de las redes.

Pedro no tiene ningún deseo de hacer lo que Jesús le pide. Está cansado. Quiere ir a casa para comer y dormir. La comodidad grata de la mañana se ha esfumado y se ha convertido en un momento bastante incómodo con Jesús. Pedro procura disuadirlo con una protesta respetuosa: «Maestro, toda la noche hemos estado trabajando, y nada hemos pescado» (Lucas 5:5a).[3] Pero Jesús no retira la orden.

¿Qué hubieras hecho tú estando en el lugar de Pedro? Ya que conocemos la historia, es fácil creer que hubiéramos echado las redes confiando en el señorío de Jesús sobre el lago y todos los peces que había en él. No soy tan optimista. Al igual que a Pedro, me cuesta someterme al señorío de Jesús si creo que ya sé cómo hacer lo que Él me pide. ¿Nunca has dicho algo como lo siguiente?

«Señor, me pides que no hable tan fuerte con mi hija adolescente. Pero, si no le hablo así, ella no reacciona. Créeme, Señor. La conozco».

«Señor, me pides que sea más generoso y justo con los empleados que trabajan en mi fábrica. Pero el dinero no alcanza para eso. ¡Créeme, Señor! Conozco el comercio».

«Señor, me pides que invite a desayunar a ese primo que no te conoce. Pero él nunca va a responder al evangelio. Créeme, Señor. Lo conozco».

La ironía —tanto en la protesta de Pedro como en las nuestras— es que nuestros mejores esfuerzos han producido muy poco. Pedro y sus compañeros de Betsaida (que significa «casa de pescadores»)[4] no lograron atrapar ni un solo pez, a pesar de haber pasado toda la noche empleando sus mejores métodos. Ante la orden de Jesús, Pedro tiene que decidir en qué confiar: en lo que él sabe sobre la pesca o en la palabra del Maestro. Todavía renuente, Pedro da un paso de fe y responde: «mas *en tu palabra* echaré la red» (Lucas 5:5b). En otras

---

3. La palabra traducida «maestro» es *epistates*, un vocablo usado solo por Lucas para describir a Jesús como uno que tiene autoridad para dirigir. Pedro reconoce la autoridad de Jesús, pero llamarlo *epistates* no llega todavía a nivel de «Señor» que luego vemos en el versículo 8.

4. Larry R. Helyer, *The Life and Witness of Peter* (Downers Grove, IL: Intervarsity, 2012), 24.

palabras: «¡Señor, si no pescamos nada, la culpa será tuya!». Pedro y sus compañeros echan las redes:

Y habiéndolo hecho, encerraron gran cantidad de peces, y su red se rompía. Entonces hicieron señas a los compañeros que estaban en la otra barca para que viniesen a ayudarles; y vinieron, y llenaron ambas barcas de tal manera que se hundían (Lucas 5:6-7).

Se hundían no solamente las dos barcas, sino también la confianza orgullosa de Pedro en sí mismo.

Un encuentro con la gracia incómoda de Jesús

Viendo la pesca milagrosa, Simón Pedro «cayó de rodillas ante Jesús, diciendo: Apártate de mí, Señor, porque soy hombre pecador» (Lucas 5:8). ¿Te sorprende? ¿Por qué no dice Pedro algo como: «Muchas gracias, Señor, por esta maravillosa bendición que no merezco» o «Señor, voy a donar la mitad de mis ganancias de esta pesca a las familias necesitadas de Betsaida»? ¿No diríamos nosotros algo así si Jesús llenara nuestra barca de ganancias milagrosas en nuestro negocio, o si encendiera de nuevo el amor en nuestro matrimonio o si salvara a nuestro hijo pródigo después de tantas oraciones y lágrimas? ¿Cómo es posible que Pedro diga: «*Apártate de mí*, Señor, porque soy hombre pecador»?

Es la primera vez que Pedro llama a Jesús «Señor», y creo que la respuesta se encuentra ahí. Pedro había dudado del señorío de Jesús. Había confiado más en su propia sabiduría que en la soberanía de Cristo. Su obediencia externa a la orden del Maestro era nada más un tapujo para cubrir la rebeldía arrogante de su corazón. Jesús había visto todo aquello y ¡mucho más!, y ¿cuál fue su respuesta? ¡La gracia! ¡Gracia sorprendente, gracia abundante, gracia extravagante, gracia inmensurable! En la superabundancia de los peces en la barca, Pedro vio la superabundancia de la gracia que el Señor Jesús había derramado sobre él como «hombre pecador».

¿Entendemos? *La gracia* de Jesús desenmascara a Pedro como «hombre pecador», no solamente como un pescador que había cometido algunos pecados comunes entre los hombres. Comenta Andrew Murray en su libro *Humility: The Journey Toward Holiness* [La humildad: Camino hacia la santidad]: «Algunos creen que la autocondenación es el secreto de la humildad... [pero] no es el pecado el que nos hace humildes, sino la gracia».[5] En la confesión de Pedro, veo mi propia confesión de «hombre pecador»: una confesión que no consiste mayormente en una lista larga de pecados que he cometido, sino en la arrogancia del yo que se atreve a desafiar el señorío de mi Salvador. Solo la comprensión de la magnificencia de la gracia de Jesús nos pondrá de rodillas delante de Él en la barca de nuestra comodidad personal y ministerial.

Solo la comprensión de la magnificencia de la gracia de Jesús nos pondrá de rodillas delante de Él en la barca de nuestra comodidad personal y ministerial.

¿Avergonzados delante de Jesús?

Se ha dicho que «nos sentimos culpables por lo que hacemos, pero nos sentimos avergonzados por lo que somos».[6] Si bien Pedro se sentía culpable delante de Jesús por la suciedad de los pecados que había cometido, ahora se siente avergonzado por quién es: «*Soy* hombre pecador». Sabe que *nunca* podrá «merecer» la gracia que Jesús le imparte. Sabe que *nunca* alcanzará la santidad que lo haría «digno» de estar en la misma barca con Jesús. Sabe que *nunca* «calificará» para servir al lado de Jesús en el reino de Dios. Sumido en su vergüenza, Pedro

---

5. Andrew Murray, *Humility: The Journey Toward Holiness* (Minneapolis, MN: Bethany, 2001), prefacio, s. p.
6. Lewis B. Smedes, citado en Howard E. Butt, Jr., *Who Can You Trust? Overcoming Betrayal and Fear* (Colorado Springs, CO: Waterbrook, 2004), 75.

cree que la mejor solución es alejarse de Jesús: «Apártate de mí, Señor; porque solo así no tendré que sufrir la vergüenza de fallarte de nuevo, viendo una y otra vez cuán pecador soy». Pedro no entiende lo que nosotros tampoco entendemos: el engaño letal de la vergüenza.

El engaño de la vergüenza

La vergüenza —igual que otras emociones— tiene la capacidad de acercarnos a Dios o alejarnos de Él. La vergüenza bíblica *nos acerca* a Dios en arrepentimiento genuino (Esdras 9:6; Salmo 32; Jeremías 6:15-16). Así oró el profeta Daniel: «SEÑOR… cargamos con la vergüenza por haber pecado contra ti. Pero aun cuando nos hemos rebelado contra ti, tú, Señor nuestro, eres un Dios compasivo y perdonador» (Daniel 9:8-9, NVI). Por el otro lado, la vergüenza *nos aleja* de Dios si permitimos que esta nos engañe. Hay tres maneras básicas en que la vergüenza nos engaña.

1. La vergüenza distorsiona nuestro pasado

Miramos para atrás y nos sentimos avergonzados porque creemos que nunca hemos hecho nada bien, ya sea como esposos, como padres, como hijos, como empleados, como jefes, como estudiantes o como siervos de Dios. Creemos que Dios nunca se ha sentido satisfecho con nosotros y, como consecuencia, nos ha negado muchas bendiciones que podrían haber sido nuestras. Nos torturamos pensando en todas las oportunidades que perdimos: *¿Por qué no hice las cosas mejor? ¿Por qué decidí no obedecer a Dios en tal o cual momento? ¡En qué estaba pensando!* Así la vergüenza extingue nuestro gozo y gratitud por todo lo que Dios ha hecho por nosotros en el pasado.

2. La vergüenza descarta nuestro futuro

La vergüenza nos engaña también porque descarta la posibilidad de alcanzar un futuro bendecido por Dios. Pensamos: *¿Cómo podría un «hombre pecador» como yo esperar algo bueno del Dios santo?* Nos identificamos con Pedro porque, a pesar de la pesca milagrosa, lo único que supo decir fue: «Apártate de mí, Señor; soy demasiado pecador para seguir contigo». La vergüenza siempre disminuye nuestra esperanza en lo que Cristo podrá hacer en nosotros y por nosotros en el futuro.

3. La vergüenza denigra la gracia del Señor Jesús en nuestro presente

El tercer engaño de la vergüenza es el peor. La vergüenza procura convencernos de que nuestros pecados son tan repugnantes que no «calificamos» para seguir caminando con Jesús. En este momento en la barca, Pedro tiene más fe en la enormidad de su pecado, que en la gracia que Jesús demostró en la pesca milagrosa. ¿La vergüenza ha extinguido tu fe en la enormidad de la gracia de Jesús hacia ti?

> *El enemigo se deleita en usar la vergüenza para alejarte de Cristo, porque detesta el poder perdonador de la cruz.*

La suma de las tres *d* anteriores (distorsiona, descarta, denigra) es la cuarta *d*: es *diabólica*. Cualquier sentimiento de vergüenza que te aleje de Cristo es diabólico, en su fuente y en su propósito. Es diabólico porque ahí —apartado y alejado de Jesús en tu vergüenza— serás presa fácil de las artimañas de Satanás. El enemigo se deleita en usar la vergüenza para alejarte de Cristo, porque detesta el poder perdonador de la cruz.

Piénsalo bien. ¿Hay un «apártate de mí, Señor» en tu corazón que te haya alejado de Jesucristo? ¿Ha apagado la vergüenza tu pasión por seguir a Cristo porque crees alguna de las siguientes mentiras?

- El Señor Jesús no aguanta ni un día más la suciedad sexual que domina tus pensamientos.
- Eres indisciplinado en todo. No puedes orar ni treinta segundos sin distraerte.

- No puedes dejar tu adicción a la marihuana. Lo has intentado muchas veces. No puedes.

La vergüenza nos engaña y nos lleva a declarar con Pedro: «Apártate de mí, Señor, porque soy *demasiado* pecador para estar cerca de ti».

Apartados *por* Él y *para* Él

¿Cómo responderá Jesús a la vergüenza que manifiesta Pedro: «Señor, apártate de mí»? Jesús no se aparta de Pedro. Más bien, lo aparta para sí mismo, y lo hace con palabras que Pedro nunca podría haber anticipado: «No temas; desde ahora serás pescador de hombres» (Lucas 5:10b). Ante la protesta de Pedro: «Señor, apártate de mí, porque *yo soy* un gran pecador», Jesús responde con su llamado superior: «Pedro, te aparto a ti para mí porque *Yo soy* un gran Salvador».

Piensa por un momento en aquel pecado —sea cual sea— que te haría pensar: *Soy hombre pecador/mujer pecadora*. ¿Será ese pecado tan repugnante que pudiera vencer la gracia de Jesucristo y alejarlo de ti? ¿Ese pecado fue excluido de los pecados por los cuales Jesús se entregó a sí mismo en la cruz? ¿Entendemos el alcance del evangelio que profesamos? Dane Ortlund sugiere:

> Aquí está la promesa del evangelio y del mensaje de toda la Biblia: *en Jesucristo se nos da un Amigo quien siempre disfrutará nuestra presencia y no nos rechazará.* Él es un Compañero cuyo abrazo no se fortalece o se debilita, según cuán limpios o inmundos, atractivos o repugnantes, fieles o inconstantes seamos.[7]

Si has puesto tu fe en Cristo, entonces Cristo te ha apartado para Él mismo —por medio de su cruz— para siempre (1 Corintios 1:2; 6:11 y 20; 1 Pedro 1:2). ¡Le perteneces a Él!

---

7. Dane Ortlund, *Manso y Humilde: El corazón de Cristo para los pecadores y heridos* (Nashville, TN: B&H Español, 2021), 117.

Llamados a pescar pecadores

Tomemos nota de lo que Jesús *no* le dice a Pedro en la barca. No dice:

- No temas, Pedro. No eres tan pecador como muchos otros que conozco.
- No temas, Pedro. Si haces las cosas mejor, podrás ser útil algún día.
- No temas, Pedro. Si confías más en ti mismo, serás un gran campeón.

No le corresponde a Pedro hacerse más «digno», prometiendo que, de ahora en adelante, no será un hombre tan pecador. Tampoco le corresponde ir perfeccionando el conjunto de habilidades que necesita para tener éxito en su ministerio. Al contrario, lo que «califica» a Pedro para la misión de Jesús es confesar profundamente que necesita la gracia de Jesús. Los que mejor conocen la gracia de Jesús como pecadores son los que mejor sirven como pescadores de hombres y mujeres necesitados de la misma gracia. Jesucristo aparta a tales para sí mismo porque, en su misión de buscar y salvar «lo que se había perdido», no vale ni una pizca la autojusticia de la cual se jactaban los fariseos (Lucas 19:10).

Detén tu lectura por unos momentos. ¿Cómo describirías tu experiencia presente de la gracia de Jesús? ¿Te sientes descalificado? ¿Estancado? ¿Alejado? Mi oración es que puedas creer que hay gracia fresca de Jesús para ti —gracia para ser derramada en tu barca cada vez que te sientes frustrado, fatigado y fracasado porque tus redes quedaron vacías una vez más.

Llamados a lo desconocido

La frase «serás pescador» en el versículo 10 significa «capturar vivo».[8] Pedro se había dedicado al negocio de llevar peces vivos a la muerte en

---

8. La palabra griega traducida «ser pescador» es la palabra zógreó (ζωγρέω), que significa atrapar o capturar vivo. Esta palabra aparece solo una vez más en el

los mercados de pesca en Betsaida. Ahora Jesús lo llama al negocio de llevar hombres muertos a la vida eterna en el reino de Dios. Rodeado de cientos de peces que se retuercen bajo los rayos deslumbrantes del sol matutino, Pedro se encuentra confrontado por la misma pregunta que nos confronta a nosotros también: ¿Qué quiero más: seguir pescando para atrapar miles de peces o seguir al que me llama a pescar miles de hombres con Él?

El versículo 11 da la respuesta: «Y cuando trajeron a tierra las barcas, dejándolo todo, le siguieron». ¿Ves las barcas abandonadas? Pocos minutos antes, estas mismas barcas se habían llenado de la pesca más increíble de toda la historia de la empresa «Pescados Zebedeo». Pero ahora la empresa queda disuelta. Las redes viejas han sido cambiadas por horizontes nuevos. Se ha constituido una empresa nueva, dirigida por el Señor Jesús, y dedicada al rescate de multitudes de personas que se creen demasiado pecadoras para ser amadas por Él. Los cuatro socios nuevos —Jacobo, Juan, Andrés y Pedro— dejan la pesca que han conocido desde su niñez para acompañar a Jesús en una pesca desconocida. No será fácil. Si bien la pesca en el lago de Galilea les exigía esfuerzo y sacrificio,[9] ¡cuánto más la pesca de los hombres endurecidos por el pecado!

¿Estás dispuesto a dejar la comodidad de lo conocido para seguir a Jesús en el desafío de lo desconocido? No me refiero a dejar tu vocación, profesión u oficio —aunque Jesús podría llamarte a hacer eso— ¡como lo hizo conmigo! Me refiero a algo más básico: el llamado de dejar tus pescas pequeñas y rendirte al señorío de Jesús: «No temas; *desde ahora* serás pescador de hombres». ¿Temes responder?

Nuevo Testamento, en 2 Timoteo 2:26, donde el apóstol Pablo habla de ciertos hombres que están cautivos (atrapados) por el diablo, para hacer la voluntad de él. En los pasajes paralelos de Mateo 4:19 y Marcos 1:17, se usa solo la palabra *halieus* (ἁλιεύς), que significa «pescador».

9. Helyer, *Life and Witness of Peter*, 29-30. Helyer cree que la clase de pesca descrita en Lucas 5 hubiera requerido una red tirada entre dos barcas y después arrastrada o jalada en un esfuerzo coordinado entre un grupo de pescadores. Después de la captura de los peces, era necesario sacarlos de la red uno por uno para evaluar cuáles tenían valor comercial y cuáles no. Era un trabajo arduo y agotador.

¿Qué temes? ¿Fracasar? ¿Sufrir? ¿Perder? Si pierdes algo, ¿qué perderás? ¿No será tan solo las pescas pequeñas de siempre?

Conclusión

Pedro creía que no calificaba para acompañar a Jesús el Mesías en su misión. Tenía razón. Tuvo que aprender que Jesús era *Señor*: Señor sobre su barca, Señor sobre su pecado y Señor sobre su destino. Tuvo que aprender que solo aquellos que hayan sido «pescados» por la gracia redentora de Jesús saben cómo echar las mismas redes de gracia.

El conocido pastor y autor F. B. Meyer, quien se dedicó a servir a los pobres del centro urbano de Londres en el siglo XIX, nos deja estas palabras:

> En cierto momento en nuestra experiencia —a menudo muchos años después de hacernos discípulos—, el Maestro se sube a la barca de nuestra vida y asume el mando supremo. Por un momento, o quizá por unas horas, hay dudas y renuencia porque solemos hacer nuestros planes, seguir nuestro mapa, trazar nuestra ruta y estar al mando de nuestra barca. En verdad, ¿debemos, podemos, nos atrevemos a entregarle el mando a Cristo? ¿A dónde podría dirigir *Él* la barca? ¿De qué emprendimiento podría hacernos partícipes? ¿A cuáles lugares inhóspitos nos podría llevar? Felices seremos si podemos decir: «Señor, en tu palabra bogaré mar adentro y echaré la red».[10]

¿Crees que si tuvieras delante de tus ojos una pesca milagrosa como la de Lucas 5 te sería más fácil rendirte al señorío de Cristo? La verdad es que delante de tus ojos está algo muchísimo mejor. Delante de tus ojos está la cruz de Jesús, donde se entregó por ti con amor eterno. Te invito a ponerte de rodillas en tu barca. Confiesa que no

---
10. Meyer, *Peter, Fisherman, Disciple, Apostle*, 16.

calificas y que nunca calificarás. Pon tu mirada en Cristo una vez más y responde a su voz como Señor. Así descubrirás lo que descubrió Pedro aquella mañana a la orilla del lago: Tú mismo eres el pez que Jesucristo atrapó en su red de gracia.[11]

---

11. Por esta metáfora, estoy en deuda con Michael Card, *A Fragile Stone: the Emotional Life of Simon Peter* (Downers Grove, IL: IVP Books, 2003), 42.

Guía de estudio

Capítulo 2: **Llamado**

Resumen del capítulo

No son tus «calificaciones» religiosas las que te hacen apto para servir con Jesucristo, sino tu propia experiencia de la gracia extravagante que Él te extendió en lo profundo de tu pecado.

Para comenzar

¿Te has sentido alguna vez descalificado para servir a Jesucristo? ¿Cuáles son las cosas que creemos que nos dejan descalificados para servir a otros con Jesús?

Preguntas para contestar

1. Según el pasaje en Lucas 5, ¿de qué manera pudo Pedro ayudar a Jesús en su ministerio?
2. ¿Qué hizo Jesús para convertir el servicio «cómodo» de Pedro en un encuentro «incómodo»?
3. ¿Cuál era la razón fundamental por la que Pedro no quiso echar las redes otra vez al mar? ¿En cuáles áreas de tu vida es difícil subordinar tu «sabiduría» al señorío de Jesús?
4. Reflexiona otra vez en la reacción de Pedro a la pesca milagrosa. En lugar de dar gritos de júbilo, Pedro cae de rodillas ante el Señor y pide que Jesús se aparte de él. ¿Por qué? ¿Qué aprendiste de esta respuesta sorprendente de Pedro?
5. El autor cree que es la gracia extravagante de Jesús la que produce la humildad en Pedro. ¿Estás de acuerdo? ¿Cuál es la relación entre la gracia de Jesús y nuestro arrepentimiento de creernos sabios y autosuficientes?
6. Reflexiona en las tres «d» del engaño de la vergüenza. ¿Cuál te afecta o te engaña más a ti? ¿Por qué?

7. ¿Cómo responde Jesús a la vergüenza de Pedro? Si has puesto tu fe en Cristo, te ha apartado para sí mismo. ¿Entiendes cómo Jesús te está apartando para servir con Él?
8. ¿Qué crees que «calificó» a Pedro a servir con Jesús en el ministerio de pescar hombres para el reino de Dios? ¿Por qué crees tú que eso es la «credencial» de mayor importancia para el Señor Jesús?
9. ¿Qué cambio hizo Pedro para responder al llamado de Jesús? ¿Crees que el Señor te está llamando a caminar con Él hacia lo desconocido? ¿Qué cambio tendrías que hacer para responder con fe y obediencia?

Para orar

- Dedica un momento a confesarle al Señor tu resistencia orgullosa a sus órdenes (en lugar de confesar solo tus pecados particulares).
- Pídele al Señor que te muestre el próximo paso para seguirlo y vivir como pescador/pescadora de gente para el reino de Dios.

Para meditar durante la semana

Lee Lucas 5:27-32 y 19:1-10. Sigue reflexionando en la manera en que Jesús transforma a la gente «pecadora» por medio de la gracia inmerecida que le extiende, y no por pedirle obras religiosas.

No hay ninguna dificultad para que el Señor venga a
salvarnos y ayudarnos. ¡No hay ninguna! La única dificultad
es que confiemos en Él. Esa es nuestra única labor. Una vez
hecha, Él está con nosotros y nosotros estamos con Él.

JOHN LAIDLAW[1]

En el mar fue tu camino,
Y tus sendas en las muchas aguas;
Y tus pisadas no fueron conocidas.

SALMO 77:19

---

1. John Laidlaw, *Studies in the Miracles of our Lord* (Minneapolis, MN: Klock & Klock, 1984), 94.

Rescatado

Principio de Pedro #3:
Cuando te hundes en las olas, no te salvará la fuerza de tu fe, sino la mano del Cristo compasivo.

La Real Academia Española define *fatiga* como «agitación duradera, cansancio, trabajo intenso y prolongado».[2] Según los que han investigado el tema de la fatiga, existen la fatiga física, la fatiga emocional, la fatiga mental, la fatiga del dolor y la fatiga por una enfermedad crónica. Y todos nos acordamos todavía de la fatiga enervante que experimentamos en los avatares de la pandemia del COVID-19.

Mientras lees estas líneas, ¿batallas con la fatiga? ¿Eres una madre de hijos pequeños, que trabaja también fuera de casa en tu vocación o profesión? ¿Eres un estudiante? Resulta agotador el estrés constante de las tareas sumado al tiempo que dedicas a la iglesia y la ayuda que prestas en casa. Quizá eres un padre de familia que ha tenido que conseguir un segundo trabajo para afrontar la matrícula universitaria de tus hijos. Sin duda, quienes más sufren de fatiga son las familias afectadas por una enfermedad crónica. He visto de primera mano la incesante fatiga física y emocional de mi sobrino y su esposa, en la lucha valiente que ella sostiene contra el cáncer de estómago, mientras sigue cuidando a sus tres hijos pequeños.

---

2. En línea, https://www.rae.es/drae2001/fatiga.

La fatiga —en cualquier forma— nos puede causar la impresión de que «estamos por hundirnos», y tal fue la experiencia de Pedro y los demás discípulos en cierta noche tormentosa en el mar de Galilea cuando soplaban los vientos contrarios.

En seguida hizo [Jesús] a sus discípulos entrar en la barca e ir delante de él a Betsaida, en la otra ribera, entre tanto que despedía a la multitud. Y después que los hubo despedido, se fue al monte a orar; y al venir la noche, la barca estaba en medio del mar, y él solo en tierra. Y viéndoles remar *con gran fatiga*, porque el viento les era contrario, cerca de la cuarta vigilia de la noche, vino a ellos andando sobre el mar, y quería adelantárseles (Marcos 6:45-48).

La fatiga —en cualquier forma— nos puede causar la impresión de que «estamos por hundirnos».

Si decides seguir a Jesucristo sin reservas, ten por seguro que en algún momento te encontrarás fatigado ante los vientos contrarios. Los discípulos se habían esforzado en servir con Jesús en la alimentación milagrosa de los cinco mil. La gente, entusiasmada por la abundancia del alimento, hizo planes para llevarse a Jesús y coronarlo «Rey del Pan» (Juan 6:15). Para proteger a sus discípulos de las pretensiones mesiánicas de la muchedumbre, Jesús los envía a Betsaida en una barca, mientras Él se retira a la montaña para orar.

Los discípulos zarpan hacia Betsaida, pero la furia de los vientos los detiene. La barca típica de aquel entonces medía unos 8 metros de largo por 2.5 de ancho, con cuatro puestos de remos, si acaso las condiciones climáticas del lago impedían el uso de la vela.[3] En esta

---

3. Son las medidas de la llamada «barca de Jesús», una barca antigua que los arqueólogos desenterraron en 1986 en la orilla noroeste del lago de Galilea y data de los tiempos del Nuevo Testamento. La barca se movilizaba por medio de un mástil y vela o por los remos, dependiendo de las condiciones climáticas. Tenía

noche, los discípulos han bajado la vela para remar contra los vientos. Pero no avanzan. Se sienten atormentados por una fatiga intensa.[4]

Los fantasmas que aparecen

Cuando la fatiga llega a niveles excesivos, se nos aparecen «fantasmas» que declaran: «Te vas a ahogar; te han abandonado». Así era la experiencia de los discípulos:

> Viéndole ellos andar sobre el mar, pensaron que era un fantasma, y gritaron; porque todos le veían y se turbaron (Marcos 6:49-50a).

Así como circulan cuentos folklóricos contemporáneos,[5] en los tiempos de Jesús abundaban leyendas de espíritus malévolos nocturnos que habitaban los alrededores del lago y cuya aparición era señal del ahogo y la muerte inminente.[6] Ante la figura espectral que se acerca sobre las olas, el corazón de los discípulos desfallece. Todo

---

capacidad para acomodar a unas quince personas. Véase, Helyer, *Life and Witness of Peter*, 24 y *NET Bible Full Notes Edition* (Nashville, TN: Thomas Nelson, 2019), 1915. Véase también https://www.primeroscristianos.com/la-barca-de-jesus-un-tesoro-arqueologico-para-los-cristianos-mar-de-galilea/.

4. La misma palabra *basanizo* es traducida «fatigados» en Marcos 6:48 y «azotados» en Mateo 14:24. Significa «acosar, torturar, atormentar, afligir, probar». Véase Fritz Rienecker y Cleon Rogers, *Linguistic Key to the Greek New Testament* (Grand Rapids, MI: Zondervan, 1980), 44 y 105.

5. Pienso en ejemplos de América Central, tales como la Ziguanaba o el Cipitillo. Véase, por ejemplo, Efraín Melara Méndez, *Mitología Cuzcatleca: Los cuentos de mi infancia y otros* (Santa Tecla, El Salvador: Clásicos Rossi, 1998).

6. Véase William L. Lane, *The Gospel According to Mark*, NICNT (Grand Rapids, MI: Eerdmans 1974), 236-237. Según Lane, había una tradición talmúdica que los marineros podían ahuyentar las olas mortíferas con palos tallados con las palabras, «Yo soy, Yo soy Yah, el Señor de los ejércitos, amén, amén y selah». *Para un punto de vista contrario, véase* Jason Robert Combs, «A Ghost on the Water: Understanding an Absurdity», *Journal of Biblical Literature* 127, n.º 2 (2008): 345-358. Este autor argumenta que, en los tiempos de Jesús, todos sabían que los fantasmas no podían caminar sobre las aguas, pero que los hombres divinos, sí tenían esa capacidad. Entonces los gritos de susto de los discípulos son «absurdos», un hecho que utiliza el evangelista Marcos para demostrar cuán poca fe tenían.

está oscuro. Es ensordecedor el aullido del viento. Son las tres de la madrugada. Gritan: «¡Es un fantasma! ¡Nos vamos a ahogar!».

Nuestra amistad con Jesús no nos exime de la fatiga y los fantasmas. Me acuerdo de una experiencia cuando servía como rector del seminario en Guatemala. Habíamos comenzado el año con muchos sueños de todo lo maravilloso que Dios haría en la vida de nuestra institución. Pero muy pronto comenzaron a soplar vientos financieros contrarios. Cada mes los ingresos eran menos de lo presupuestado, y los gastos eran mayores. Para el mes de agosto, el déficit financiero había llegado a un nivel sin precedentes en la historia del seminario. Estábamos remando a todo vapor, pero la barca se hundía rápidamente, y ¡yo estaba al timón!

Me gustaría compartir un testimonio inspirador de cómo mi fe nunca flaqueó ante la crisis financiera, pero sería mentira. No quise reconocer el nivel de estrés y la fatiga que me afectaban. Decía con mi boca que confiaba en Cristo, pero mi cuerpo declaraba lo contrario.

Al inicio de la semana en la que íbamos a celebrar nuestra cena de amistad con los donadores del seminario, nuestra directora de desarrollo me miró y me comentó: «No te veo muy bien; debes consultar con un médico sobre ese brotecito que tienes en la cara». Pensé: *Llamaré al médico después de la cena de donadores; esta cosita no es nada.* Pero me equivoqué. Tuve que llamar al médico y me dijo palabras que no quería escuchar:

—Tienes herpes zoster —me dijo—. A veces es el resultado del estrés.

Me miró detenidamente y a continuación me preguntó:

—¿Te sientes estresado por algo?

—Solo un poquito —le dije, valiéndome de la mentira cristiana.

¿Se te aparecen en estos días los fantasmas de la fatiga? Fantasmas que declaran:

- Los vientos son demasiado fuertes para ti.
- Nunca cesará tu fatiga.

- No llegarás al otro lado.
- Jesús te ha dejado remando solo.

Los vientos contrarios son una realidad con la cual tenemos que tratar. Los discípulos tenían que remar la barca hacia Betsaida. El seminario tenía que enfrentar su condición financiera. Los vientos son realidades. Los fantasmas no lo son, y son peligrosos porque se disfrazan de certezas que opacan la presencia de Aquel que se acerca en los vientos para mostrarnos la plenitud de su compasión. En medio del déficit financiero, los fantasmas me gritaban: «Si no hay dinero para cubrir la planilla, te van a despedir. Saldrás del seminario humillado; pero, si remas más fuerte, ¡quizá te salves!».

La presencia de Jesús

En medio de los gritos asustados de sus discípulos, el Señor Jesús anuncia su presencia: «Pero en seguida habló con ellos, y les dijo: ¡Tened ánimo; yo soy, no temáis!» (Marcos 6:50). Aquieta tu corazón por unos minutos para imaginarte la escena en el lago de Galilea. Los discípulos reconocen la voz de Jesús y ponen su mirada de nuevo en la figura que se acerca. Ahora, ¡lo ven *a Él*! Viene caminando sobre el mar, pasando por medio de las olas que se revientan y le salpican el manto. Las ráfagas de viento no lo detienen. La noche espantosa tiene que rendirse ante la compasión de Jesús el Señor. ¿Puedes verlo tú en medio de tu fatiga? Viene por ti. Te ha visto remando contra los vientos. Conoce los fantasmas en tu corazón. Te declara: «Ten ánimo. Yo soy. ¡No te vas a hundir!».

Con las palabras «Yo soy», Jesús se presenta a los discípulos como el Hijo del Dios YHWH, «YO SOY» (Éxodo 3:14). En el libro de Éxodo, el Dios «YO SOY» envió un viento recio del oriente para dividir las aguas y abrirle paso a su pueblo agobiado en medio del mar Rojo (Éxodo 14:21). Aquí, en el lago de Galilea (llamado «mar» en algunas versiones), Jesús demuestra la misma gracia de Dios de una forma aún más contundente. En lugar de abrir camino en el mar para sus discípulos, Jesús *viene por ellos caminando sobre el mar*.

La conexión con los hechos del libro de Éxodo se ve también en la frase extraña, «[Él] quería adelantárseles» (Marcos 6:48). ¿Acaso no querría Jesús socorrer a sus discípulos en su lucha contra las olas? El verbo «adelantárseles», en Marcos 6, es el mismo verbo griego que se usa en Éxodo 34:6 de la Septuaginta (la versión griega del Antiguo Testamento) para describir cómo Dios «pasó por delante» de Moisés y le proclamó: «el Señor, el Señor, Dios clemente y compasivo, lento para la ira y grande en amor y fidelidad» (Éxodo 34:6-7, NVI). Aquí en medio de los vientos recios, Jesús también «pasa por delante» de los discípulos, no para abandonarlos, sino para que vean de cerca su majestad como el YO SOY encarnado: clemente y compasivo, grande en amor y fidelidad.[7] Paul Tripp dice:

> *En lugar de abrir camino en el mar para sus discípulos, Jesús viene por ellos caminando sobre el mar.*

El YO SOY habita cada situación, relación y lugar por medio de su gracia. Está en ti. Está contigo. Está por ti. Él es tu esperanza.[8]

Pedro camina sobre el agua

Jesús se acerca a sus discípulos, y el Evangelio de Mateo agrega un detalle más: un encuentro de gracia entre Jesús y Pedro. Pedro oye la voz de Jesús y lo llama: «Señor, si eres tú, manda que yo vaya a ti sobre las aguas» (Mateo 14:28). Las palabras de Pedro dan ganas de preguntar: «Pedro, ¿por qué? ¡Quédate en la barca! ¡No seas tan fanfarrón!».

---

7. Lane, *The Gospel According to Mark*, 236. El verbo griego es *parerchomai*. Es interesante observar que Dios no le permitió a Moisés ver la gloria de su rostro (Éxodo 33:20, 23), pero en Marcos 6, los discípulos fijan la mirada y su esperanza en la cara de su Salvador Jesús.
8. Paul Tripp, «You sent a raging storm», en línea: https://www.paultripp.com/wednesdays-word/posts/you-sent-a-raging-storm (consultado el 11 de agosto de 2021).

¿Por qué quiere caminar Pedro sobre el agua hacia Jesús? Creo que hay dos razones. La primera es que Pedro arde por demostrarle su fe a Jesús. Tiempo atrás se había levantado otra tempestad espantosa en la que Jesús estaba en la barca con los discípulos. Ellos lo despertaron, reclamándole: «¡Señor, sálvanos, que perecemos!». En aquella ocasión, Jesús los reprendió por ser hombres de «poca fe» (Mateo 8:24-26). Pero en esta tormenta, Pedro está resuelto: ¡no será otra vez un discípulo «poca fe»! La segunda razón —que en mi opinión es la más importante— es que Pedro anhela estar al lado de Jesús el Señor, caminando con Él sobre las aguas, como seguidor fiel, compartiendo una victoria que supera aun los sucesos del mar Rojo. La pasión de Pedro mueve el corazón de Jesús, y le dice: «Ven» (Mateo 14:29).[9]

Pedro va: «Y descendiendo Pedro de la barca, andaba sobre las aguas para ir a Jesús. Pero al ver el fuerte viento, tuvo miedo; y comenzando a hundirse, dio voces, diciendo: ¡Señor, sálvame!» (Mateo 14:29-30). Precisamente en este momento de la narrativa, solemos concluir que si Pedro hubiera tenido una fe *más* fuerte en Jesús, no se habría hundido. ¿Será cierto? Pregúntate: ¿*Cuánto más* de fe necesitaba Pedro para caminar con éxito sobre el agua? ¿Mucho más? ¿Solo un poquito más? ¿Solo dos segundos más de fe? Y si Pedro hubiera caminado sobre el agua sin hundirse, ¿habría confiado luego en la fuerza de su fe?

Estoy convencido de que la gran lección de Mateo 14 no se encuentra en la falta de fe de Pedro, sino en la fuerza de la compasión de

---

9. En la literatura sobre el apóstol Pedro, es curioso ver las críticas que muchos le dirigen por su actuación en Mateo 14. Algunos creen que no tenía fe y por eso respondió: «Señor, *si* eres tú». Sin embargo, creo que la pregunta de Pedro tiene sentido, pues los sentidos de visión y audición pueden resultar engañosos a las tres de la madrugada en una noche de olas y vientos fuertes. Otros critican a Pedro por bravucón, alegando que es motivado por un deseo condenable de demostrar su superioridad a los otros discípulos. Pero Pedro no declara: «Señor, si eres tú, *yo iré* a ti caminando sobre el agua». Al contrario, Pedro espera la invitación de su Señor. Si el Señor Jesús desea probar la fe de Pedro, puede «mandar» que Pedro vaya caminando hacia Él sobre las aguas (cf. Lucas 5:5). Helyer cree que el retrato de Pedro en Mateo 14 es positivo y que demuestra el amor y compromiso genuinos de una persona que, igual que otros discípulos, experimenta momentos de debilidad y fracaso. Helyer, *Life of Peter*, 39-40.

Cristo. Los hechos que forman el contexto de Mateo 14 y Marcos 6 enfatizan la compasión de Cristo hacia las multitudes, que son «ovejas sin pastor» y tienen hambre después de tres días de estar escuchando las enseñanzas de Jesús (Marcos 6:34-36).[10] Cuando el destacado teólogo B. B. Warfield investigó la vida emotiva de Jesús, llegó a la conclusión de que la emoción que más caracterizaba al Señor era su compasión.[11] Según Warfield, la compasión de Jesús se manifestaba no solo en los actos externos de misericordia que practicaba, sino en la respuesta interna de su corazón, que fue movido por «sentimientos profundos de compasión» hacia aquellos que le pedían socorro.[12]

En este momento, Pedro pide socorro. En medio de la crisis financiera del seminario, yo pedía socorro. En medio de tu fatiga, ¿estás pidiendo el socorro del Cristo compasivo? Al ver que se hundía en las olas, Pedro siente algo más fuerte que las olas de pánico que inundan su corazón. Siente la fuerza de la mano de Jesús —su mano agarrada

---

10. Todo el contexto de Mateo 14 y Marcos 6 enfatiza la compasión de Cristo. Primero, Jesús les muestra compasión a sus discipulados atareados, invitándolos a ir «aparte a un lugar desierto y descansa[r] un poco» (Marcos 6:31). Cuando la multitud interrumpe el retiro de Jesús con los discípulos, le muestra compasión y le enseña, porque eran como «ovejas que no tenían pastor». Al terminar tres días de enseñanza, Jesús alimenta a la gente, mostrándoles compasión ya que ellos tuvieron hambre (Marcos 6:34-44). Al anochecer, Jesús les muestra compasión a sus discípulos fatigados, orando por ellos y caminando sobre el mar para rescatarlos (Marcos 6:46-51). Después de haber rescatado a sus discípulos, Jesús le muestra compasión a la gente que estaba esperándolos en el otro lado del lago, porque «comenzaron a traer de todas partes enfermos en lechos, a donde oían que [Jesús] estaba» (Marcos 6:53-56).

11. Benjamin Breckinridge Warfield, *The Emotional Life of our Lord* (I), https://www.monergism.com/thethreshold/articles/onsite/emotionallife.html. Warfield era profesor de teología del Seminario de Princeton 1887-1921, y fungió como rector de la institución de 1886-1902. Según Warfield no existía una palabra en el idioma griego clásico capaz de describir la compasión de Jesús. Así que fue necesario acuñarse una palabra nueva, la cual es *splagchnizomai* (σπλαγχνίζομαι). La palabra *misericordia* (*eleos*) enfatiza más el acto externo, mientras que la palabra *compasión* enfoca la emoción que lleva a la acción. Véase *New International Dictionary of New Testament Theology*, ed. Verlyn D. Verbrugge (Grand Rapids, MI: Zondervan, 200), 535-36.

12. *Ibid*.

a la mano de Pedro— para levantarlo y ponerlo de pie donde deseaba estar: al lado de Jesús. «Al momento Jesús, extendiendo la mano, asió de él y le dijo: ¡Hombre de poca fe! ¿Por qué dudaste?» (Mateo 14:31).[13] Lo que Pedro más necesitaba en el momento de hundirse en las olas no era más fe en su habilidad para caminar sobre las aguas, sino más fe en que el Cristo compasivo nunca lo dejaría hundirse, aun cuando faltara la fe que Pedro creía tener.

En medio de la crisis financiera del seminario, sentía que me hundía y descubrí que yo era un hombre de «poca fe». Cuando llegó la noche para la cena de amistad, me tocó presentar el ministerio del seminario delante de los donadores. Me encerré en mi oficina con las luces apagadas y mi alma llena de quejas: «Señor, ¿por qué nos hundimos? ¡Solo queremos servirte bien! ¿Por qué lo haces tan complicado?». Sentí que el Señor me

> *A veces nuestro próximo paso de fe en la compasión de Jesús no implica caminar sobre las aguas, sino hundirnos en ellas.*

confrontaba: «*Tú* eres quien hace complicado lo que te pido. ¿No crees que será suficiente mi compasión por ti y por todos los demás que dependen de las finanzas del seminario?». A veces nuestro próximo paso de fe en la compasión de Jesús no implica caminar sobre las aguas, sino hundirnos en ellas.[14]

¿Fracasó Pedro?

¿Fracasó la fe de Pedro cuando se hundió? No creo. Pedro fue el discípulo que más creció en la gracia y el conocimiento del Señor Jesucristo porque:

---

13. El verbo «asir» en el versículo 31 es *epilambano* y se usa también para describir cómo Jesús tomó con compasión firme la mano del hombre ciego en Marcos 8:23 y la del hombre que padecía de hidropesía en Lucas 14:4.

14. Michael Card, *A Fragile Stone: The Emotional Life of Simon Peter* (Downers Grove, IL: InterVarsity, 2006), 53.

- se bajó de la barca, confiando en la voz de Jesús;
- caminó sobre el agua hacia Jesús; y
- conoció de primera mano el poder de la compasión de Jesús.

Entonces, ¿cómo debemos entender las palabras de Jesús: «¡Hombre de poca fe! ¿Por qué dudaste?». ¿Son palabras de represión? ¿O son palabras para afianzar la fe del «hombre de piedra» y prepararlo para los desafíos venideros, cuando su necesidad de la compasión de Jesús sería aún mayor? Así lo explica el comentarista Matthew Henry:

> Jesús llama a Pedro a venir a Él no solo para que Pedro camine sobre el agua y conozca el poder del Señor, sino también para que conozca su propia debilidad. El Señor a menudo les concede a sus siervos lo que le piden con el fin de enseñarles la humildad y mostrarles la grandeza de su poder y gracia... Sin embargo, no llegamos a entender eso hasta encontrarnos hundiéndonos en las olas.[15]

Querido lector, si te atreves a bajarte de la barca porque te apasiona servir a Cristo, ¡haces bien! Solo recuerda que, por más años que tengas de caminar con Él, habrá momentos cuando la fatiga de los vientos contrarios y los fantasmas de la noche harán desfallecer esa fe que creías que era invencible. *Ese* es el momento en que clamarás como el salmista David:

> Extiende tu mano desde las alturas
> y sálvame de las aguas tumultuosas (Salmo 144:7, NVI).

Ese es el momento cuando sabrás que el Cristo compasivo que camina sobre las aguas nunca te dejará hundirte en ellas.

Bajé de mi oficina aquella noche, y el Señor me dio fuerzas para presentar el ministerio del seminario en la cena de los donadores. Al

---

15. En línea: https://biblehub.com/commentaries/matthew/14-31.htm (traducción propia del autor).

día siguiente, tomé una hoja de papel y le puse el título «Tú has sido fiel», el nombre de un coro que cantábamos en la capilla en esos años. Puse en la hoja unas veinte líneas en blanco, oré por las ofrendas que el seminario necesitaba y pegué la hoja en el lado de atrás de la puerta de mi oficina. Sentí que la paz de Cristo me llenaba. Sentí la certeza de que salieran como salieran los números financieros a fin del año, no faltaría la compasión de Cristo.

La adoración en la barca

La compasión de Cristo produce la adoración a Cristo. Jesús y su discípulo «poca fe» caminan juntos sobre el agua por unos metros, se suben a la barca, y se calma el viento (Mateo 14:32). Hay silencio total. Sin decir ni una sola palabra, el YO SOY encarnado enmudece los vientos contrarios. Ningún discípulo se atreve a hablar. Cuando Jesús calmó la primera tormenta en Mateo 8, los discípulos se maravillaban y decían: «¿Qué clase de hombre es este que hasta los vientos y el mar le obedecen?» (Mateo 8:27, NVI). Ahora tienen su respuesta. Los que estaban en la barca vinieron y le adoraron, diciendo: «Verdaderamente eres *el Hijo de Dios*» (Mateo 14:33). En la primera tormenta, los discípulos conocían a Jesús como «Hacedor de milagros»; ahora lo conocen como el «Hijo de Dios», quien vino sobre el mar por amor a ellos. Aunque todos los discípulos se arrojan a los pies del Señor Jesús para adorarlo, creo que el discípulo que más lo adora es el que más compasión recibió de Él. El lugar donde Cristo nos rescata con su mano de compasión siempre se convierte en el altar donde lo adoramos; y ¡casi nunca sucede dentro de las cuatro paredes de la iglesia!

Crecemos cuando nos hundimos; crecemos cuando conocemos de cerca la compasión de Jesús.

Los vientos del déficit financiero siguieron soplando hasta a mediados de diciembre. Me acuerdo todavía cómo llenaba poco a poco la hoja marcada «Tú has sido fiel», anotando ofrenda tras ofrenda —pequeñas y grandes— de los donadores dadivosos en quienes el Señor se movió para eliminar el déficit del seminario. ¡Hasta terminamos el año con un pequeño superávit! Reunimos a los que trabajaban conmigo en los departamentos de desarrollo y finanzas, compramos un pastel, servimos café y con lágrimas de gratitud adoramos al Señor, quien nos rescató de las aguas tumultuosas.

¿Un corazón endurecido o confiado?

Los discípulos se asombraron y se maravillaban cuando Jesús calmó el viento porque «aún no habían entendido lo de los panes, por cuanto estaban endurecidos sus corazones» (Marcos 6:52). Tenían sus corazones endurecidos porque no habían aprendido del milagro de la multiplicación de los panes cuán profunda era la compasión del Señor Jesús. ¿Cómo está tu corazón en medio de la fatiga que te asedia? ¿Endurecido? ¿O confías en la compasión de Cristo *por ti*?

La cruz de Jesús es la promesa eterna que no te dejará hundir nunca, ni aun en la noche más espantosa de tu vida.

La verdad es que tu fatiga *atrae* la compasión de Jesús de la misma manera en que la enfermedad grave de un hijo pequeño atrae la compasión poderosa del corazón de su madre.[16] En medio de cualquier viento contrario, le da alegría al Señor Jesucristo mostrarte una vez más la misma compasión que demostró por ti en la cruz. La cruz de Jesús es la promesa eterna que no te dejará hundir nunca, ni aun en la noche más espantosa de tu vida.

---

16. Estoy en deuda con Dane Ortlund por esta metáfora que viene de los escritores puritanos Thomas Goodwin y Richard Sibbes. Véase Thomas Goodwin, *The Heart of Christ* (Edimburgo: Banner of Truth, 2011), 155-56 (citado en Ortlund, *Manso y Humilde*, 72-73).

RESCATADO

En medio de la fatiga que te hunde,
ardiendo tus brazos de remar sin cesar,
levanta otra vez tu mirada y ¡lo verás!
¡Viene por ti!

Su mano se agarra de la tuya,
te levanta de las olas,
aun de las olas de aquella noche negra
que acaba con tu viaje terrenal.

La voz de Jesús truena siempre sobre las aguas:
«Ten ánimo. Yo soy. No temas».
Caminarás con Él sobre las aguas.
Se callará el viento.

Lo adorarás una vez más, y para siempre.
El Hijo del Dios-Yo soy,
está presente en tu barca.

GUÍA DE ESTUDIO

Capítulo 3: **Rescatado**

Resumen del capítulo

En medio de la fatiga que traen las olas tormentosas, nuestra confianza no debe estar en la fuerza de nuestra fe, sino en la mano del Cristo compasivo.

Para comenzar

En estos días, ¿cuáles son los factores que más fatiga te producen y cuáles son los fantasmas que te hablan en medio de tu fatiga?

Preguntas para contestar

1. Lee Marcos 6:45-48. ¿De qué manera te identificas con la fatiga de los discípulos mientras remas contra los vientos que soplan en tu vida?
2. ¿Cómo describe el autor los «fantasmas» que se nos aparecen en nuestra fatiga? ¿Cuál es el mensaje que siempre anuncian?
3. ¿Cuál es el mensaje de Jesús en Marcos 6:50? ¿Por qué creemos más las palabras de los fantasmas que la palabra de Jesús?
4. Explica la conexión entre Marcos 6 y los sucesos de Éxodo 14:21-31. ¿De qué manera demuestra Jesús que Él es el gran «YO SOY» encarnado?
5. ¿Cuáles son algunas de las razones posibles por las cuales Pedro deseaba caminar sobre las aguas para ir a Jesús? ¿Cuáles son algunas «motivaciones mixtas» que encontramos en nuestro corazón cuando damos un paso de fe para servir a Dios?
6. El autor cree que la lección principal de Mateo 14 no se centra en la falta de fe de Pedro, sino en la compasión de Cristo hacia los que se hunden. ¿Estás de acuerdo? ¿Cuál es

la relación entre la importancia de nuestra fe y la seguridad de la compasión de Cristo?
7. ¿Crees que fracasó Pedro? ¿O lo correcto sería preguntar qué aprendió Pedro para fortalecer su ministerio como discípulo de piedra? Explica tu respuesta.
8. ¿Cuál es la conexión entre la adoración en la barca y la compasión de Cristo?
9. Medita en Marcos 6:52. ¿Por qué estaban endurecidos los corazones de los discípulos? ¿Qué no habían entendido del milagro de la alimentación de los cinco mil?

Para orar

- Habla con el Señor de tu fatiga y los fantasmas que te acosan. Pídele su compasión. Si crees que te hundes, dile: «¡Señor, sálvame!».
- Examina tu corazón. ¿Se ha endurecido por causa de las pruebas y los «vientos contrarios» que has atravesado?

Para meditar durante la semana

Toma tiempo en esta semana para comparar Éxodo 14 y Mateo 14:22-33. ¿Cuáles son los elementos que tienen en común los dos pasajes? ¿Cómo te ayuda Éxodo 14 a entender la compasión de Jesús en Mateo 14 cuando falla la fe de Pedro?

Bienaventurado el que tú escogieres y atrajeres a ti,
Para que habite en tus atrios...

Salmo 65:4

La iglesia verdadera nunca fallará porque está construida sobre la Roca.

T. S. Eliot

Bienaventurado

Principio de Pedro #4:
Bienaventurado serás si sirves como piedra viva en la Iglesia que Cristo edifica.

Está de moda ser *deconstruccionista*. Si la palabra *deconstruccionista* es nueva para ti, pronto no la será. Con la palabra deconstruccionista me refiero a los que han «de-construido» la fe que antes profesaban en Jesucristo. Declaran que ahora son más sinceros, más sabios y están más satisfechos por haber abandonado su fe en Cristo. Entre los deconstruccionistas, están algunos que antes servían a Cristo con notable éxito. Por ejemplo, Joshua Harris, el autor del conocido libro *Le dije adiós a las citas amorosas,* se divorció de su esposa y anunció que ya no se considera cristiano, porque no desea vivir como seguidor de Cristo.[1] Más recientemente, Paul Maxwell, quien antes servía como profesor en el Instituto Bíblico Moody y escribía para el ministerio *Desiring God,* hizo pública la deconstrucción de su fe, comentando: «Creo que es importante decir que ya no soy cristiano y eso me hace sentir bien. Estoy feliz».[2]

---

1. Para una entrevista con Harris, en línea: https://www.relevantmagazine.com/faith/josh-harris-opened-up-about-leaving-christianity/ (5 de noviembre de 2019).

2. Informe de Julie Roys, en línea: https://julieroys.com/moody-professor-desiring-god-no-longer-christian/. Maxwell también es autor del libro teológico

Por supuesto, la gran mayoría de los deconstruccionistas no son cristianos famosos. Son amigos con quienes servimos en la iglesia. Son miembros de nuestra familia, que amamos y por quienes entregaríamos nuestra propia vida. Aunque existe una clase de «deconstrucción sana», que procura depurar nuestra fe en Dios del bagaje de la subcultura evangélica que la contamina, me limito en este capítulo a la decisión de un creyente de volverse atrás y no seguir a Jesucristo.[3]

¿Por qué sucede la deconstrucción? Cada caso es distinto. Algunos que han deconstruido su fe tienen dudas. Dudan que Dios exista o que la Biblia sea fidedigna. Otros se sienten desilusionados con la iglesia por el maltrato o la injusticia que ellos (u otros) sufrieron en manos de líderes cristianos en quienes habían confiado. Otros hacen la deconstrucción porque no están de acuerdo con la postura de la iglesia sobre el aborto o el matrimonio gay, como el caso de una pareja joven de nuestra iglesia que dejó de congregarse. Pero, en última instancia, la deconstrucción resulta de un proceso en el cual las dudas y los desacuerdos del que deconstruye su fe han opacado su visión de la faz de Jesucristo y la gloria de su obra como Hijo de Dios (2 Corintios 4:6).

Como seguidores fieles de Cristo, los ejemplos de la deconstrucción nos ponen incómodos. Preferiríamos hacer oídos sordos a las dudas de los deconstruccionistas. Sin embargo, creo que es importante —y necesario— preguntarnos: ¿Por qué dirán algunos que han encontrado mayor felicidad en la deconstrucción de su fe que en conocer a Cristo y permanecer en su amor (Juan 15:10)? ¿Crees tú que vale la pena apostarlo todo por seguir a Jesús? Veremos en Mateo 16 que el

---

que recibió elogios entre los académicos: *The Trauma of Doctrine: New Calvinism, Religious Abuse and the Experience of God*.

3. Véase, por ejemplo, el análisis iluminador de Hunter Beaumont, «Deconstruye tu cultura, no tu fe» (6 de agosto de 2021), https://www.coalicionporelevangelio.org/articulo/deconstruye-tu-cultura/, en el cual el autor distingue claramente entre la deconstrucción de la fe y el proceso de la deculturización del evangelio que resultará en un entendimiento más claro y un aprecio más profundo del evangelio.

deconstruccionismo no es nada nuevo, y veremos también en Pedro la bienaventuranza de ser «construccionistas» de la iglesia que Jesús va edificando.

Los deconstruccionistas y Jesús

Sorprendentemente, el milagro de la alimentación de los cinco mil desata una ola de deconstruccionismo entre la multitud que había disfrutado el banquete de los panes y peces. Ante la declaración de Jesús: «*Yo soy* el pan de vida… El que come mi carne y bebe mi sangre, tiene vida eterna», muchos en la multitud concluyen: «Dura es esta palabra; ¿quién la puede oír» (Juan 6:48, 54, 60). Juan nos informa que «muchos de sus discípulos volvieron atrás, y ya no andaban con él» (Juan 6:66).

Después de la deserción de estos «discípulos», surge el deconstruccionismo de los líderes religiosos, quienes demandan que Jesús presente una prueba pública de su divinidad: «Vinieron los fariseos y saduceos para tentarle, y le pidieron que les mostrase señal del cielo» (Mateo 16:1). Demandar una señal de Jesús es una estrategia astuta. Si hace una señal, los fariseos y los saduceos lo habrán sometido a su autoridad. Por el otro lado, si no hace ninguna señal, sus credenciales mesiánicas quedarán por el suelo. De la misma manera en que Jesús le prometió a la multitud un pan superior al que pedían, ahora les promete a los fariseos una señal superior a la que demandan, la señal del profeta Jonás, es decir, la resurrección de Jesús, que ofrece la salvación a todos —hasta los peores pecadores— por medio del arrepentimiento y de la fe en Él (Mateo 16:2-4). La respuesta de los fariseos es deconstruccionista, pues no tienen ningún interés en un Mesías que les ofrezca la salvación a los que no practican la misma justicia que ellos (Lucas 18:9-11).

La levadura de los deconstruccionistas

La oferta de Jesús de Él mismo como Pan de Vida y señal de la resurrección de los muertos expone la levadura deconstruccionista envuelta en las demandas de la multitud y los fariseos. Jesús les advierte a sus discípulos de guardarse de tal levadura: «Mirad, guardaos de la levadura de los fariseos y saduceos» (Mateo 16:6). Pero los discípulos no entienden, creyendo que Jesús está preocupado por una posible falta de sustento alimenticio: «Esto dice [Jesús] porque no trajimos pan» (Mateo 16:7). La reprensión de Jesús es directa y merecida:

> ¿No entendéis aún, ni os acordáis de los cinco panes entre los cinco mil hombres y cuántas cestas recogisteis?... ¿Cómo es que no entendéis que no fue por pan que os dije que os guardaseis de la levadura de los fariseos y de los saduceos? (Mateo 16:9, 11).

La torpeza espiritual de los discípulos lleva a Jesús a decidir que es hora para retirarse con ellos y hacer la deconstrucción de la levadura de los deconstruccionistas.

El lugar que elige para su retiro es Cesarea de Filipo, un pueblo a unos cuarenta kilómetros al norte de Betsaida, en territorio de los gentiles y lejos de la levadura de los deconstruccionistas. El verdor y la serenidad de los famosos manantiales de Cesarea de Filipo lo hacen un ambiente idóneo para orar y reflexionar.[4] Ahí Jesús les pregunta a sus discípulos: «¿Quién dicen los hombres que es el Hijo del Hombre?» (Mateo 16:13).

Los discípulos le informan a Jesús que la gente tiene una variedad de opiniones. Algunos creen que podría ser Juan el Bautista, o Elías, o Jeremías u otro profeta antiguo resucitado (Mateo 16:14; Lucas 9:19). Todos los nombres que la gente propone apuntan a la misma conclusión: Jesús no es el Mesías esperado, sino solo otro profeta de Dios. En estas opiniones del primer siglo, podemos oír el mismo

---

4. Ahí estaban los manantiales de Cesarea (antes Panias), que desembocaban hacia el sur para formar una de las cuatro fuentes del río Jordán. Para una descripción de la historia de Cesarea de Filipos y una descripción más detallada de sus características, véase Alfred Edersheim, *Jesus the Messiah* (Grand Rapids, MI: Eerdmans, 1954).

susurro deconstruccionista de hoy: «Sí, Jesús es un maestro admirable, pero es absurdo creer que sea el Hijo de Dios, digno de ser adorado y glorificado como Señor de mi vida».

«Y vosotros» —les pregunta Jesús a los discípulos— «¿quién decís que soy yo?» (Mateo 16:15). La pregunta que Jesús les hace a sus discípulos junto a las aguas tranquilas de Cesarea de Filipo es *la* pregunta trascendental de tu vida y la mía. ¿Cuál será tu respuesta? ¡Piensa antes de contestar!, porque no es posible la neutralidad. O vivimos como construccionistas con Jesús o vivimos como deconstruccionistas, por pasivo que sea nuestro estilo de deconstruccionismo. Quizá cayó un silencio después de la pregunta de Jesús, donde se oía solo el murmurar de los manantiales. Pedro es el primero en romper ese silencio: «Respondiendo Simón Pedro, dijo: Tú eres el Cristo, el Hijo del Dios viviente» (Mateo 16:16).

> *La bienaventuranza de conocerlo como Él es no se les concede a los «sabios y entendidos», sino a los que se humillan como niños.*

La declaración de Pedro

En su declaración: «Tú eres el Cristo, el Hijo del Dios viviente», Pedro reconoce dos verdades fundamentales. Primero, Jesús es el Mesías (el Ungido), en quien Dios cumplirá todo lo que le había prometido a la nación de Israel, comenzando con la bendición de todas las familias de la tierra en la simiente de Abraham (Génesis 12:2-3; Gálatas 3:9, 14-29). Segundo, Jesús es el Hijo del Dios viviente, en quien el Padre celestial ha manifestado «gracia sobre gracia» hacia el mundo que ama (Salmo 2:7, Juan 1:14-18; 3:16-17). La declaración de Pedro —«Tú eres el Cristo, el Hijo del Dios viviente»— está repleta de verdad doctrinal, pero ¡es más! Es la declaración personal de Pedro de su fe en Jesús y de su lealtad hacia Él, por más deconstruccionistas que vengan.

La respuesta de Jesús

Jesús responde a la declaración de fe de Pedro con su propia declaración de dos bienaventuranzas para él.

1. Bienaventurado eres, Simón, hijo de Jonás

En las palabras de Jesús: «Bienaventurado eres, Simón, hijo de Jonás», debemos ver la cúspide de la bienaventuranza humana, que es conocer a Jesucristo *como Él es*, ¡en verdad! Es el Padre quien le revela a Pedro la majestad de Jesús como Hijo del Dios viviente, como explica Jesús: «…*porque* no te lo reveló carne ni sangre sino mi Padre que está en los cielos» (Mateo 16:17). El Padre no es mezquino en su revelación del esplendor de su Hijo, pero la bienaventuranza de conocerlo *como Él es* no se les concede a los «sabios y entendidos», sino a los que se humillan como niños (Lucas 10:21). Tiempo atrás Pedro le había oído a Jesús decir:

> Todas las cosas me fueron entregadas por mi Padre; y nadie conoce quién es el Hijo, sino el Padre; ni quién es el Padre, sino el Hijo, y aquel a quien el Hijo lo quiera revelar. Y volviéndose a los discípulos, les dijo aparte: Bienaventurados los ojos que ven lo que vosotros veis… (Lucas 10:22-23).

¿Te das cuenta de que tus ojos «son bienaventurados», pues el apóstol Juan te invita a contemplar a Jesús en las Sagradas Escrituras y participar en la misma bienaventuranza que los discípulos: «Lo que hemos visto y oído, eso os anunciamos, para que también vosotros tengáis comunión con nosotros y nuestra comunión verdaderamente *es con el Padre y con su Hijo Jesucristo*»? (1 Juan 1:3).

Detén tu lectura por un momento para responder a la pregunta que Jesús les hizo a sus discípulos: «¿Quién decís que soy?». ¿Puedes declarar con todo tu corazón: «Tú eres el Cristo, el Hijo del Dios viviente»? Si es así, díselo a Cristo ahora mismo en voz alta: «Tú eres el Cristo, el Hijo del Dios viviente». Repítelo. ¿Tienes dudas? ¡Está bien! ¡Dile a Cristo tus dudas también, para expresarle tu deseo de experimentar la bienaventuranza plena de conocerlo *como Él es*!

Por lo general, la revelación plena de Dios de la persona de su Hijo lleva tiempo en la vida del creyente y procede de manera *relacional*, no tanto intelectual. Pedro comenzó a caminar con Cristo como Rabí y Hacedor de milagros. Luego, en la pesca milagrosa de Lucas 5, se sometió a Jesús como «Señor». Más adelante, al ser rescatado de las olas en el lago de Galilea, Pedro lo llamó «Hijo de Dios». Cuando los deconstruccionistas abandonan a Jesús porque les promete solo el Pan del cielo, Pedro lo llama «el Santo de Dios», quien tiene palabras de vida eterna (Juan 6:68-69, NVI). [5] En los años posteriores a la resurrección de Jesús, Dios le revelará a Pedro ¡«cosas en las cuales anhelan mirar los ángeles» (1 Pedro 1:12)!

El punto es este: Dios nunca te *hará* creer en Cristo en un vacío mental. Hará algo mejor: te irá revelando las realidades de quién es Jesús en medio de las necesidades más apremiantes de tu vida. Los momentos cuando surgen las dudas deconstruccionistas son *precisamente* los momentos que Dios utiliza para que conozcas a Cristo *como Él es*; ¡no como quieres que sea!

[Dios] te irá revelando las realidades de quién es Jesús en medio de las necesidades más apremiantes de tu vida.

2. *Y yo también te digo, que tú que eres Pedro, y sobre esta roca edificaré mi iglesia*

La bienaventuranza de Pedro no termina solo con conocer a Jesucristo como Él es. Jesús también le promete a Pedro la bienaventuranza de ser una «piedra» clave en una construcción nueva que Jesús edificará:

---

5. El texto en la Reina-Valera es «tú eres el Cristo, el Hijo del Dios viviente», igual a Mateo 16:16. El texto usado por la NVI es el más confiable. Metzger, *Textual Commentary*, 215; para un análisis extenso del texto y las variantes, véase *NET Bible, Full Notes Edition*, 2015.

«Y yo también te digo, que tú eres Pedro, y sobre esta roca edificaré mi iglesia» (Mateo 16:18). No está de más decir que son interminables los debates sobre lo que el Señor Jesús quiso decir con el juego de palabras que hizo entre el nombre *Pedro* (griego *Petros*) y la palabra *roca* (griego *petra*). En mi opinión, la roca (*petra*) sobre la cual Jesús edificará su iglesia es la declaración en la boca de Pedro (*Petros*), que Jesús es el Cristo (el Mesías), el Hijo Salvador del Dios viviente.[6] Creo eso porque es precisamente lo que Pedro predica cuando nace la iglesia en el día de Pentecostés:

> Sepa, pues, ciertísimamente toda la casa de Israel, que a este Jesús a quien vosotros crucificasteis, Dios le ha hecho Señor y Cristo… Arrepentíos y bautícese cada uno de vosotros en el nombre de Jesucristo para perdón de los pecados; y recibiréis el don del Espíritu Santo. Porque para vosotros es la promesa, y para vuestros hijos, y para todos los que están lejos; para cuantos el Señor nuestro Dios llamare (Hechos 2:36, 38-39).

Todos los que respondan al mensaje «petra» de Pedro formarán parte de la iglesia *(eklesia)* que Jesús está edificando: una asamblea nueva e integrada por «cuantos el Señor nuestro Dios llamare» del oriente y del occidente, para sentarse con Abraham, e Isaac y Jacob en el gran banquete del reino de los cielos (Mateo 8:11).[7]

Piedras vivas

La nueva construcción que Jesucristo edificará no estará hecha de rocas espectaculares, sino de *piedras vivas* unidas a Él, la Piedra

---

6. Véase Stanley D. Toussaint, *Behold the King: A Study of Matthew* (Portland OR: Multnomah, 1980), 201-202. Toussaint analiza las tres posturas comunes: (1) que Pedro es la roca, (2) que Cristo es la roca y (3) que la declaración de Pedro sobre la identidad de Jesús como el Mesías es la roca. Aduce razones convincentes en apoyo a la tercera postura. Creo que los acontecimientos en el libro de los Hechos también respaldan el planteamiento de Toussaint. Si Pedro mismo hubiera sido «la roca», Jesús hubiera dicho, «tú eres Pedro y sobre *ti,* edificaré mi iglesia».

7. La palabra griega *eklesia* significa «asamblea».

Angular. Unos treinta y cinco años después de su declaración en Cesarea de Filipo, Pedro escribe las siguientes palabras para animar a los creyentes de Asia menor en sus tribulaciones.[8]

> Acercándoos a él [Cristo], piedra viva, desechada ciertamente por los hombres, mas para Dios escogida y preciosa, vosotros también, como piedras vivas, sed edificados como casa espiritual y sacerdocio santo, para ofrecer sacrificios espirituales aceptables a Dios por medio de Jesucristo (1 Pedro 2:4-5).

Cuando pienso en las «piedras vivas», viene a mi mente el rostro de mi querido amigo Ernesto. Tuve el privilegio de servir al lado de él por varios años en El Salvador, desarrollando el ministerio de los «hogares abiertos» (grupos celulares) en nuestra iglesia. Aunque Ernesto se ganaba la vida como chofer, su vocación verdadera era servir como piedra viva en la iglesia de Cristo. Enriquecía la vida de muchos con su sonrisa irreprimible, la música alegre de su guitarra y su voz, sus palabras sabias de ánimo, y la compasión de Cristo que fluía de su corazón sin faltar nunca. Ernesto testificaba continuamente de las virtudes

La nueva construcción que Jesucristo edificará no estará hecha de rocas espectaculares, sino de piedras vivas unidas a Él, la Piedra Angular.

---

8. Las palabras de Pedro en 1 Pedro 2:4-10 disminuyen la importancia del debate sobre las distinciones entre «petros» y «petra». En este pasaje, se utiliza la forma plural de *lithos* (λίθος), una palabra común, para hablar de piedras. En los cuatro Evangelios, *lithos* aparece 39 veces y aparece 5 veces solo en 1 Pedro 2:4-8. Véase también *New International Dictionary of New Testament Theology*, vol. 3, ed. Colin Brown (Grand Rapids, MI: Zondervan, 1975), 390-93. Con el uso de la palabra *lithos*, Pedro elimina cualquier estatus que pudiera haberlo elevado a él como el «petros», con el fin de: (1) exaltar a Cristo, la única Piedra Angular y (2) invitarnos a nosotros a participar con él como piedras vivas en la edificación de la iglesia.

de Aquel que lo había llamado de una vida viciada de alcoholismo a su luz admirable. Descansa ahora Ernesto en la presencia de Cristo, y ¿quién será capaz de calcular las satisfacciones que abundan en su corazón por haber servido con tanta distinción, como piedra viva en la casa espiritual de su Señor?

Tú también eres piedra viva, invitado a ser «construccionista» en la iglesia de Cristo, que nadie puede deconstruir. ¿Estás viviendo como tal? Déjame compartir, de 1 Pedro 2, tres «Aes» que son para cualquier piedra viva.

1. Acércate a Cristo para ofrecer sacrificios espirituales

«Acercándoos a él, piedra viva… vosotros también, como piedras vivas, *sed edificados* como casa espiritual… para ofrecer sacrificios espirituales» (1 Pedro 2:4-5). Una piedra suelta no sirve para mucho; tiene que ser edificada como parte de una construcción más grande.

Las piedras vivas ofrecen sacrificios espirituales aceptables a Dios por medio de Jesucristo. Pueden ofrecer sacrificios diarios de alabanza y gratitud a Dios por su provisión fiel (Hebreos 13:15; Salmo 50:14-15, 23). Además, pueden ofrecer bienes materiales para suplir las necesidades de otros (Hebreos 13:16; 2 Corintios 8:12). Vemos en la primera carta de Pedro que siempre hay oportunidades «construccionistas» en la iglesia de Cristo para exhortar, enseñar, compartir, orar, ayudar, mostrar misericordia, practicar hospitalidad, amar, bendecir a los que nos maldicen y servir como buenos administradores de la multiforme gracia de Dios (1 Pedro 2:12; 4:11; 5:5-11).

2. Arrepiéntete de colocar tu propia piedra del ángulo

Para edificar bien cualquier construcción, las piedras tienen que ser extraídas, rectificadas, pulidas y colocadas en el lugar indicado con relación a la piedra del ángulo. Lo que menos hace la piedra es colocarse a sí misma donde desea —y peor aún sería si la piedra intentara colocarse como su propia piedra angular—. ¡Seamos honestos! ¿Cuántas veces intentamos colocar de piedra angular aquella piedra especial que creemos que nos hará construccionistas de nuestra propia felicidad? ¿Y qué logramos? ¡Solo convertirnos en *deconstruccionistas* de la bienaventuranza en Cristo![9] Si has puesto una piedra angular para tu vida que no sea Él, ¡hazte *deconstruccionista*! Sí, hazte deconstruccionista de la madera, heno u hojarasca que hayas puesto sobre el fundamento de Cristo (1 Corintios 3:11-13).

3. *Alégrate con tu parte en la construcción eterna de Cristo*

¡Alégrate porque Dios te ha dado el honor supremo de servir como piedra viva en la única construcción que nunca puede ser deconstruida! Jesucristo ha prometido: «Edificaré mi iglesia y las puertas del Hades no prevalecerán contra ella» (Mateo 16:18). La frase «las puertas del Hades» comunica la idea de un concilio nefasto que han realizado los poderes oscuros del pecado y de la muerte para acabar con Jesús y anular su obra redentora.[10] ¡Pero así no será! La sangre que Jesús derrama en la cruz no es el fin, sino es la que hace de Él la Piedra Angular de la iglesia que edificará, como declara Pedro en Hechos 4:11: «Este Jesús es la piedra reprobada por vosotros los edificadores, la cual ha venido a ser cabeza del ángulo».[11] En otras palabras, no hay ninguna fuerza —ni siquiera las puertas del Hades— que pueda detener el avance de la iglesia en la misión de su Señor resucitado.

---

9. Es interesante observar que el único uso de *petra* (roca) en 1 Pedro 2 es la referencia en el versículo 7 a la *roca* que hace caer a los que no creen. El apóstol Pedro está citando Isaías 8:14-15, y su argumento es que la incredulidad y el rechazo de Cristo como el Fundamento de nuestra vida es semejante a una roca masiva (petra) que nos hace tropezar y nos conduce hacia la destrucción.

10. La palabra *Hades* hace referencia al lugar de la muerte, deriva del nombre del dios *Haides* quien, según la mitología griega, reinaba sobre el mundo invisible de los muertos. Hechos 4:23-31, citando al Salmo 2, muestra la magnitud de los poderes terrenales y celestiales que se han unido para oponerse a Cristo y su Iglesia. La promesa de Jesús que las puertas del Hades no prevalecerán contra la Iglesia que Él edificará trae matices de la gran piedra de Daniel 2 que desmenuza los reinos de la tierra y establece un reino que «permanecerá para siempre» (Daniel 2:44).

11. Pedro hace referencia al Salmo 118:22, conocido como el *Gran Halel* (alabanza). Este es el salmo que el Señor Jesús habría cantado con sus discípulos justo antes de salir del aposento alto, la noche en que fue traicionado.

¿Te alegras en la bienaventuranza de servir como piedra viva en la iglesia que Cristo va edificando? ¿O te sientes arrastrado hacia abajo por las dudas de los deconstruccionistas? Todos luchamos con dudas en algún momento. ¿Qué te ha hecho dudar? ¿La muerte repentina de un ser querido? ¿La frustración porque tus peticiones más fervientes siguen sin respuesta día tras día? ¿El malestar fisiológico provocado por una enfermedad extendida o un estado depresivo que no te suelta?

En medio de cualquier duda, el enemigo intentará hacerte creer que *tú mismo* debes resolver tus dudas con tu propia sabiduría. ¡No le creas! Si pudieras resolver tus dudas por tu propia sabiduría, ¡no las tendrías! En medio de tus dudas, no te aísles por el miedo o por la vergüenza. Habla con tus amigos maduros en Cristo, que saben cómo escucharte, amarte y ayudarte a poner en práctica el consejo de V. Raymond Edman: «No dudes en la oscuridad lo que Dios te dijo en la luz».[12]

Conclusión

Aunque el Señor Jesús trabajaba como carpintero en esta tierra, la palabra «carpintero» en Marcos 6:3 incluye la idea de alguien que trabajaba como albañil o constructor.[13] O sea, ¡el Señor Jesús es constructor! Sigue edificando su iglesia, hecha de millones de piedras vivas, que representan una multiplicidad de colores, formas y texturas, ¡todas elegidas, santas y amadas! (Colosenses 3:12; Efesios 2:21-22). A la luz de ello, te invito a hacer un ejercicio sencillo esta semana. Busca una piedra pequeña de cualquier clase y tómala en tu mano. Mírala. Dale vueltas. Toma nota de sus imperfecciones. Quizá tiene grietas.

---

12. Fue un dicho favorito del pastor Donaldo Geiger, cuya influencia en mi vida durante mis años de estudio en el seminario fue un regalo de Dios.

13. La palabra *tekton* (τέκτων) es la misma palabra cuya raíz aparece en nuestra palabra *arquitecto*. Algunos eruditos del Nuevo Testamento creen que la palabra «tekton» se refería a una persona habilidosa en trabajar con madera, piedra y otros materiales de construcción. Véase Jordan K. Monson, «The Stonemason the Builders Rejected», *Christianity Today.com* (diciembre, 2021): 38-43, y Matthew K. Robinson, «Is this not the τέκτων?», *Neotestamentica* 55, n.º 2 (2021): 431-445.

O tiene una orilla machucada. No resplandece, ni en la luz. No es una joya digna de ser puesta en un collar elegante. Es nada más una piedra común y corriente. Pero ¿es así realmente?

Lo que aprendemos de Pedro es que Jesús convierte piedras así en algo superior a las joyas más raras y caras. La fe que declara: «Tú eres el Cristo, el Hijo del Dios viviente» —arraigada en lo profundo de tu corazón— te coloca en las manos habilidosas de Aquel que sabe formarte, pulirte y colocarte como piedra viva en su casa eterna, un edificio que ni el Hades podrá «de-construir».

¿Y qué de los deconstruccionistas? Los amamos, ¿verdad?[14] Anhelamos con todo nuestro ser que puedan volver a declarar: «Tú eres el Cristo, el Hijo del Dios viviente». ¿Estarías dispuesto a orar conmigo por ellos, para que conozcan de nuevo la bienaventuranza de vivir como piedras vivas, unidas a la Roca eterna y Piedra Angular de la casa de Dios?

---

14. Una mujer cuyo esposo deconstruyó su fe después de treinta años del servicio cristiano da un testimonio conmovedor de cómo Dios la sostiene cada día, porque es poderoso para hacer todas las cosas muchísimo más abundantemente de lo que pedimos o entendemos (Efesios 3:20). Kimberly Penrod Pelletier, «Mi esposo está deconstruyendo su fe: ¿Cómo camino con él?», en línea: https://www.christianitytoday.com/ct/2020/february-web-only/deconstructing-faith-agnosticism-atheism-journey-husband.html (14 de febrero de 2020). Debemos orar por y con los que han sufrido la deconstrucción de un ser querido.

Guía de estudio

Capítulo 4: **Bienaventurado**

Resumen del capítulo

Los bienaventurados son aquellos que sirven como piedras vivas en la iglesia que Cristo edifica y que prevalecerá contra cualquier fuerza deconstruccionista.

Para comenzar

¿Conoces a alguien que haya tomado la decisión de hacer la «deconstrucción de su fe»? En tu opinión, ¿cuáles eran los factores o las circunstancias que más influyeron en esa decisión? ¿Qué te gustaría decirle a esa persona, si te diera la oportunidad para darle una última palabra?

Preguntas para contestar

1. Lee Juan 6:56-60, 66. ¿Por cuáles razones se volvieron atrás estos discípulos? ¿Cómo se repite la misma clase de «deconstruccionismo» en nuestros días?
2. Lee Mateo 16:1-6. ¿Qué clase de «deconstruccionismo» hicieron los fariseos y los saduceos? ¿Cómo se repite la misma clase de «deconstruccionismo» en nuestros días?
3. Lee en voz alta la declaración de Pedro en Mateo 16:16. ¿Cuál es la respuesta de Jesús a su declaración?
4. ¿Consiste la bienaventuranza de Pedro solo en el hecho de tener una creencia doctrinal correcta acerca de la identidad de Jesús? ¿Cuáles son las dos bienaventuranzas principales que Pedro tiene? ¿Cómo podemos experimentar las mismas bienaventuranzas?
5. En tu opinión, ¿cuáles son las características de una «piedra viva»?

6. Repasa las tres «Aes» de servir como piedra viva. ¿Cuál de las tres te reta más? ¿Por qué?
7. ¿Cuál es el consejo que da el autor para luchar bien con las dudas?
8. En esta semana, haz el ejercicio con una piedra que sugiere el autor. Si es posible, hazlo con otros miembros de tu grupo de estudio. ¿Qué te dice Dios mientras miras la piedra? Si quieres, guarda la piedra por unas semanas para recordar lo que te ha dicho.

Para orar

- Si tienes dudas que debilitan tu fe, ora y díselas a Dios directamente. Pídele que ponga en tu mente el nombre de alguien que pueda ayudarte a resolverlas.
- Ora por un «deconstruccionista» que conoces. ¿Puedes mostrarle el amor de una manera concreta?

Para meditar durante la semana

Medita en 1 Pedro 2:1-10. Apunta algunas características que observas en los que viven como piedras vivas. Anota también lo que observas sobre el destino de los que no creen en Cristo como «Piedra del ángulo».

¡Estoy persuadido! Oh Dios, estoy persuadido de que nunca seré feliz hasta que sean mortificados mis afectos carnales y corruptos, y sean subyugados el orgullo y la vanidad de mi espíritu. Pero oh, ¿cuándo sucederá? Oh, ¿cuándo vendrás a mí para satisfacer mi alma con tu faz, para hacerme santo como eres Tú?... ¿Has encendido estos deseos en mi alma y no los satisfarás?

HENRY SCOUGAL[1]

Sepa que el que haga volver al pecador del error de su camino, salvará de muerte un alma, y cubrirá multitud de pecados.

SANTIAGO 5:20

---

1. Henry Scougal, *The Life of God in the Soul of Man*, ed. Paul Lamb (CreateSpace, Amazon: 2016) 83-84.

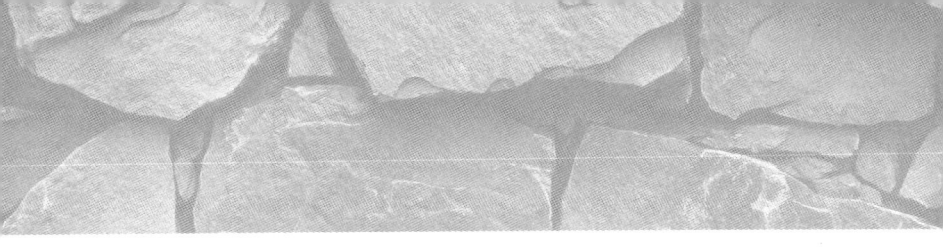

Reprendido

Principio de Pedro #5:
El Señor Jesús te reprenderá en amor para salvar tu alma de la corrupción de la carne.

En una noche fresca de abril, en mi primer año de estudios universitarios, Jesucristo salvó mi alma. Dos amigos míos del internado de varones me habían invitado a acompañarlos a una cena de espaguetis y albóndigas. Después del postre, habló un hombre joven que había jugado al béisbol en la universidad. Desde niño pequeño, me apasionaba el béisbol, por eso escuché con atención al beisbolista, que compartió su testimonio de cómo Cristo lo había transformado. Reconocí por primera vez que yo era un pecador separado de Dios. Comprendí por primera vez la abundancia del perdón y la vida eterna que Dios me ofrecía gratuitamente en su Hijo Jesucristo. Cuando el beisbolista hizo una invitación para responder al evangelio, incliné mi cabeza, le confesé mi pecado a Dios y puse mi fe en Cristo como mi Salvador.

Hace unos cincuenta años que Jesucristo salvó mi alma, y mientras escribo estas palabras, estoy orando que Jesús salve mi alma. ¿Te sorprende? En aquella noche de la cena de los espaguetis con albóndigas, Jesús salvó mi alma de la *condenación* eterna que yo merecía por mi pecado y rebeldía contra Dios. Hoy día, Jesús tiene que salvar mi alma de la *corrupción* de los deseos carnales que batallan contra ella. En las palabras del apóstol Pedro:

Amados, yo os ruego como a extranjeros y peregrinos, que os abstengáis de los deseos carnales que batallan contra el alma (1 Pedro 2:11).

Mi anhelo y oración es que Cristo salve mi alma de mi envidia y mis pretensiones vanidosas. Necesito que Cristo salve mi alma de mi impaciencia inmadura cuando otros no hacen lo que yo deseo. Reconozco que Cristo tiene que salvar mi alma de un discipulado cómodo y de la falta del amor sacrificado por los que no lo conocen. Sobre todo, Cristo tiene que salvar mi alma de mí mismo.

La carne es el apego de mi mente, mi voluntad y mis afectos a la agenda del reino del yo.

Cuando la Biblia habla de los «deseos carnales» que batallan contra nuestra alma, casi siempre pensamos primero en los pecados sexuales, o en las adicciones a las drogas, o en otros pecados escandalosos que están enumerados en la lista de las obras de la carne en Gálatas 5:19-21. Es cierto que tales pecados son obras de la carne, pero los deseos carnales incluyen *cualquier deseo corrompido* que brote de nuestra carne. El teólogo Anthony Thiselton define la carne como: «La perspectiva orientada hacia uno mismo, que persigue sus propios fines según la autosuficiencia e independencia de Dios».[2]

¿Entendemos? La carne no es una partecita «mala» de mi ser que tengo que suprimir con mis buenas obras. Más bien, la carne consiste en la lealtad interna de todo mi ser a mis propios fines autosuficientes que persigo para vivir como si yo fuera Dios. La carne es el apego de mi mente, mi voluntad y mis afectos a la agenda del reino del *yo*.

---

2. Anthony C. Thiselton, «Flesh» [carne] en *New International Dictionary of New Testament Theology*, ed. Colin Brown (Grand Rapids, MI: Zondervan, 1986), 1:680. Estoy en deuda con el departamento de Formación Espiritual del Seminario de Dallas por esta referencia.

La mala noticia es que, en muchas ocasiones, nuestros deseos carnales son deseos religiosos o «espirituales» encaminados hacia la exaltación de nosotros mismos. Si no me crees, piensa en Aarón y María cuando dijeron: «¿Solamente por Moisés ha hablado Jehová? ¿No ha hablado también por nosotros?» (Números 12:2). O piensa en el rey Uzías, quien deseaba tanto el honor de quemar incienso en el templo que «se llenó de ira» cuando los sacerdotes lo reprendieron (2 Crónicas 26:16-19). O piensa en el apóstol Pablo y cómo su deseo ardiente de sobresalir entre los demás fariseos lo llevó a entregar a la muerte a los que tenían fe en Cristo (Hechos 26:5-11; Gálatas 1:14; Filipenses 3:5-6). Con razón Jesús expuso la vanagloria que estaba detrás de la falta de fe de los fariseos: «¿Cómo podéis vosotros creer, pues recibís gloria los unos de los otros, y no buscáis la gloria que viene del Dios único?» (Juan 5:44). La búsqueda de «la gloria de nuestra historia» siempre generará deseos carnales —por más espirituales que parezcan— y Pedro está por descubrir lo que el Señor Jesús hará para salvarlo de ellos.

El reproche de Pedro y la represión de Jesús

Jesús le había declarado a Pedro: «Sobre esta roca, edificaré a mi iglesia» (Mateo 16:18). Además, les confirió a él y a los otros discípulos autoridad para representarlo en la predicación del evangelio del reino y la edificación de su iglesia. La metáfora que esclarece la delegación de esta autoridad son las llaves del reino: «Y a ti te daré las llaves del reino de los cielos; y todo lo que atares en la tierra será atado en los cielos; y todo lo que desatares en la tierra será desatado en los cielos» (Mateo 16:19; 18:18; Juan 20:23).[3] Las palabras y promesas de Jesús llevan a los discípulos a creer que ha llegado —por fin— el momento para la inauguración pública del reino mesiánico de Jesús. Por eso, las siguientes palabras del Maestro les caen como balde de agua fría:

---

3. Mateo 18:18 y Juan 20:23 aclaran que el privilegio de utilizar las llaves del reino les fue encomendado a todos los apóstoles, no solo a Pedro.

Entonces mandó [Jesús] a sus discípulos que a nadie dijesen que él era Jesús el Cristo. Desde entonces comenzó Jesús a declarar a sus discípulos que le era necesario ir a Jerusalén y padecer mucho de los ancianos, de los principales sacerdotes, y de los escribas; y ser muerto y resucitar al tercer día (Mateo 16:20-22).[4]

¡No puede ser! ¡El próximo peldaño en el plan mesiánico debe ser la coronación de Jesús en Jerusalén como Rey, no su padecimiento y muerte! Pedro entiende también que no será solo el padecimiento y muerte de *Jesús* lo que sucederá en Jerusalén, sino ¡el suyo también, como su discípulo! «Entonces Pedro, tomándolo aparte, comenzó a reconvenirle, diciendo: Señor, ten compasión de ti; en ninguna manera esto te acontezca» (Mateo 16:22).

Nos resulta fácil criticar a Pedro por su miopía espiritual, pero recordemos cuánto él ama al Señor Jesús y cuánto desea verlo coronado y adorado como el Mesías y Rey glorioso del Salmo 2. ¡Es inconcebible para Pedro que «sea muerto» el Cristo, el Hijo del Dios viviente! Pero sin darse cuenta, tiene su mira en las «cosas de los hombres», o sea ¡en el reino que *él* desea! La represión de Jesús es la más severa de todas las que registra el Nuevo Testamento.

Pero [Jesús], volviéndose, dijo a Pedro: ¡Quítate de delante de mí, Satanás!; me eres tropiezo, porque no pones la mira en las cosas de Dios, sino en las de los hombres (Mateo 16:23).

¿En qué tienes la mira?

¿En cuáles aspiraciones, ambiciones, anhelos y afectos pones tu mira? *Todos* ponemos la mira en algo, pues es parte de nuestra naturaleza humana. «Poner la mira en» algo no es una mera actividad intelectual,

---

4. Se debe notar que el Señor Jesús no ha revelado todavía que su muerte tomará la forma de la crucifixión. Tal revelación hubiera dejado a los discípulos aún más abrumados y paralizados de temor.

sino la acción de elegir nuestras prioridades.⁵ Ponemos la mira en algo atractivo que motiva e inspira las lealtades de nuestro corazón. Pedro puso su mira en la gloria del reino mesiánico de Jesús, ¡y también en la gloria que redundaría a sus discípulos leales! La mira de Pedro no contemplaba el sufrimiento y, mucho menos, la posibilidad de negarse a sí mismo.

Precisamente aquí encontramos la naturaleza verdadera de un deseo carnal. Es una «mira» —por espiritual que parezca— que contradice la Palabra del Señor Jesús. Él ya había dicho que «le era necesario ir a Jerusalén y padecer... y ser muerto y resucitar al tercer día».

Habrá momentos cuando la amistad del Señor Jesús tomará la forma de una reprensión severa.

Pero Pedro no tiene miedo en contradecirle. Pedro cree que su deseo es más sabio que la voluntad de Jesús y, por eso, es un deseo *carnal*.

Entonces, ¿qué hace Jesús para salvar nuestra alma de los deseos carnales? En el ejemplo de Pedro, veremos dos cosas que Jesús hace: (1) nos reprenderá con su verdad y (2) nos pastoreará en el camino hacia la cruz.

1. Jesús nos reprende con su verdad

Pedro creía que el mensaje de un Mesías sufriente sería una piedra de tropiezo para la misión de Jesús, pero en realidad Pedro y el reino que

---

5. J. Goetzmann, «Mind» en *New International Dictionary of New Testament Theology*, ed. Colin Brown (Grand Rapids, MI: Zondervan, 1981), 2:617. El verbo griego que traduce «poner la mira» es *phroneo* (φρονέω), y describe una mentalidad, inclinación, actitud, intención, prioridad y forma de pensar. Jesús no reprende a Pedro solo por un error *mental*, sino por *una mentalidad* que abarca tanto las lealtades del corazón de Pedro como sus pensamientos e intenciones. Gerald Wheaton, «Thinking the Things of God? The Translation and Meaning of Mark 8:33c», *Novum Testamentum* 57, n.º 1 (2015): 42-56. Pablo utiliza el mismo verbo para exhortar a los filipenses a tener «*este sentir* que hubo también en Cristo Jesús» (Filipenses 2:5) y otra vez en Colosenses 3:2: «Poned la mira en las cosas de arriba, no en las de la tierra» (Colosenses 3:2).

él deseaba eran la piedra de tropiezo.⁶ En su intento por impedir que Jesús fuera a Jerusalén a padecer, Pedro lo expone a la misma tentación que Satanás le tendió en el desierto. Toma nota de las similitudes en los dos pasajes.

Satanás (Mateo 4)	Pedro (Mateo 16)
«Si *eres* el Hijo de Dios…	«*Tú eres* el Cristo, el Hijo del Dios viviente…
di que estas piedras se conviertan en pan… échate abajo… todos los reinos del mundo y la gloria de ellos… te daré, si prostrado me adorares» (Mateo 4:3-9).	[por eso] *ten compasión de ti*; en ninguna manera esto te acontezca» (Mateo 16:16, 22).
«Entonces Jesús le dijo: *Vete, Satanás*, porque escrito está: Al Señor tu Dios adorarás, y a él sólo servirás» (Mateo 4:10)	«Pero [Jesús], volviéndose, dijo a Pedro: *¡Quítate de delante de mí, Satanás!*» (Mateo 16:23).

¿Era la intención de Pedro repetirle a Jesús la misma mentira de Satanás? ¡Claro que no! Pero sin darse cuenta, se había tragado la mentira, que Jesús llama «las [cosas] de los hombres» (Mateo 16:23).

¿Has creído las mentiras de Satanás? La mentira más grande que te contará es esta: *tú* nunca creerías una mentira de Satanás. Si te crees inmune a las mentiras del enemigo, haz el siguiente diagnóstico de cinco afirmaciones:

1. Casi todas mis ideas son buenas.
2. El éxito en mis planes demuestra la aprobación de Dios.

---

6. «Skándalon»: algo o alguien que hace a su víctima pecar o tropezar en su caminar con Dios. En el tiempo de Jesús, el «skándalon» también se refería al mecanismo (muchas veces un palito) que activaba la trampa para capturar la presa. J. Guhrt, «Offence» en *New International Dictionary of New Testament Theology*, ed. Colin Brown (Grand Rapids, MI: Zondervan, 1981), 2:706.

3. La reprensión de Dios es para los malos.
4. Los problemas en mi vida surgen porque «alguien» no hizo lo que debía hacer.
5. Ya que conozco bien la Biblia, sé cómo manejar la tentación sin caer en el pecado.

A Satanás le encantaría que creyeras cualquiera de estas cinco afirmaciones, pues todas son mentiras. La mentira madre de todas ellas es la creencia de que nuestra «mira» es siempre pura, santa y sabia. Pero Proverbios 28:26 nos dice lo contrario:

> El que confía en su propio corazón es necio.
> Mas el que camina en sabiduría será librado.

¿Quién nos ayudará a caminar en sabiduría cuando Satanás nos engañe y confiemos en nuestro propio corazón? ¡El mismo Jesús! Nos reprenderá con la misma verdad con la que reprendió a Pedro: «¡Tienes la mira en las cosas de los hombres!». ¿Has observado en la Biblia que las palabras de reprensión de parte de Dios invariablemente son un reflejo de más amor, no menos?

> Mejor es *reprensión* manifiesta que amor oculto;
> Fieles son las heridas *del que ama* (Proverbios 27:5-6a).

> *Bienaventurado* el hombre a quien tú, JAH, *corriges*,
> Y en tu ley lo instruyes (Salmo 94:12).

> Conozco, oh Jehová, que tus juicios son justos,
> Y que *conforme a tu fidelidad me afligiste*.
> Sea ahora tu misericordia para consolarme (Salmo 119:75).

> Que el justo me castigue, será un favor,
> Y *que me reprenda será un excelente bálsamo*... (Salmo 141:5).

> Hijo mío, no desprecies la disciplina del Señor
> ni te ofendas por sus *reprensiones*.
> Porque el Señor *disciplina a los que ama*,
> como corrige un padre a su hijo querido (Proverbios 3:11-12, nvi).

> Yo [Jesús] *reprendo* y castigo a *los que amo*; sé, pues, celoso, y arrepiéntete (Apocalipsis 3:19).

La severidad con la que Jesús reprende a Pedro refleja la enormidad del amor de Jesús por Pedro. Jesús sabe que Pedro nunca llegará a ser el discípulo de piedra si no puede discernir dónde tiene la mira puesta —en sus deseos carnales o en el llamado y la misión de Cristo—. De la misma manera, habrá momentos en tu vida y la mía cuando la mayor muestra de la amistad del Señor Jesús tomará la forma de una reprensión severa. Con el pasar de los años, valoro más que nunca las peticiones finales del Padre Nuestro: «No nos metas en tentación; mas líbranos del mal», porque el mal incluye mis deseos carnales. Si Jesús no me reprende con la verdad de su Palabra por medio del Espíritu Santo, terminaré creyendo las cinco mentiras del diagnóstico, y muchísimas más.

> *Si sigues a Jesús como su discípulo, Él te dirá la reprensión que no quieres escuchar.*

Si sigues a Jesús como su discípulo, Él te dirá la reprensión que no quieres escuchar. Corregirá tus actitudes idólatras. Confrontará tus prioridades desviadas. Expondrá tus motivaciones orgullosas. Hará todo eso y mucho más para salvarte de los deseos carnales que batallan contra tu alma. ¿Te ha reprendido el Señor Jesús en estos días, quizá por medio de las Sagradas Escrituras o por la amonestación de un amigo cristiano maduro? Si es así, ¡dile que es un «excelente bálsamo» para tu cabeza! ¡Alábalo por una muestra tan clara del favor de su amistad!

Tal como uno debe apoyar a su amigo en la adversidad, mucho más debe apresurarse por enfrentar los enemigos del alma de su amigo. Uno le debe a su amigo la verdad, sin la cual la palabra *amigo* queda vacía.

Elredo de Rieval[7]

2. Jesús nos pastoreará en el camino hacia la cruz

Pedro no es el único discípulo que tiene la mira puesta en las cosas de los hombres. Dirigiéndose Jesús a todos sus discípulos, los llama a seguirlo en el camino cruciforme que salvará sus almas.[8]

Entonces Jesús dijo a sus discípulos: Si alguno quiere venir en pos de mí, niéguese a sí mismo, y tome su cruz, y sígame. Porque todo el que quiera salvar su vida [alma], la perderá; y todo el que pierda su vida [alma] por causa de mí, la hallará. Porque ¿qué aprovechará al hombre, si ganare todo el mundo, y perdiere su alma? ¿O qué recompensa dará el hombre por su alma? Porque el Hijo del Hombre vendrá en la gloria de su Padre con sus ángeles, y entonces pagará a cada uno conforme a sus obras (Mateo 16:24-27).

Creo que nuestra forma tradicional de interpretar este pasaje nos roba la riqueza de lo que Jesús nos promete. Interpretamos sus palabras como si fuera un llamado a sacrificar todo lo bueno que deseamos a cambio de una vida de sinsabores y sufrimiento por causa del evangelio. Pero Jesús nos está invitando a otra clase de cambio, es decir: «Si me sigues, te costará todo lo que *tú tienes* a cambio de compartir conmigo

---

7. Aelred of Rievaulx (Elredo de Rieval), *Spiritual Friendship*, 117. Expresando la misma verdad, Dietrich Bonhoeffer nos recuerda: «Nada puede ser más cruel que esa forma de indulgencia que abandona al prójimo en su pecado. Y nada puede ser más caritativo que la seria reprimenda que le saca de su vida culpable». Dietrich Bonhoeffer, *Vida en comunidad* (Salamanca, España: Sígueme, 1982), 100.

8. La palabra traducida «vida» en estos versículos es la palabra ψυχή (*psuché*), que significa «alma» en el griego.

todo lo que *Yo tengo*». ¿Tendrás que negarte a ti mismo y renunciar a tus deseos carnales? Sin duda. ¿Sufrirás si sigues a Cristo? Claro que sí. Sin embargo, en las palabras de Jesús: «Si alguno quiere venir en pos de mí», encontramos la única invitación capaz de salvar nuestra alma de los ilusorios deseos carnales que siempre nos defraudarán.

Dallas Willard nos recuerda que el discipulado sí cuesta, pero cuesta más el «no discipulado»:

> El *no* ser discípulo cuesta *no* poseer: la paz duradera, la vida saturada por completo de amor, la fe que lo ve todo a la luz del gobierno primordial de Dios para bien, la esperanza que se mantiene firme en las circunstancias más desalentadoras, el poder para hacer el bien y resistir las fuerzas del mal… En pocas palabras, [el no ser discípulo] cuesta carecer de esa abundancia de vida que Jesús dijo que vino a traer (Juan 10:10). La perspectiva correcta es ver *el seguir a Cristo no solo como una necesidad, sino como el cumplimiento de las más altas posibilidades humanas y como vida en el plano más elevado*.[9]

¿Tienes la mira en *esa* vida? Quizá me digas: «Sí, *esa* es la vida que deseo más que cualquier otra, pero temo que mis deseos carnales me desvíen y me dominen». Si temes, pon atención al consejo de Pedro:

> Porque vosotros erais como ovejas descarriadas, pero ahora habéis vuelto al Pastor y Obispo de vuestras almas (1 Pedro 2:25).

¿Entendiste? Jesucristo es el *Pastor* de tu alma. Te conducirá a los pastos delicados y a las aguas de reposo que confortarán y restaurarán tu alma. Vendará tus heridas. Te guiará por sendas de justicia. Sacará su callado para protegerte, porque no hay nada ni nadie

---

9. Dallas Willard, «El costo de no ser un discípulo», en *Devocionales clásicos*, eds. Richard J. Foster y James Bryan Smith, trad. José Septien (El Paso, TX: Mundo Hispano, 2004), 23.

que pueda arrebatarte de su mano (Juan 10:28, cf. 1 Pedro 5:7). Jesucristo también es el *Obispo* de tu alma. Perfecciona, afirma, fortalece, establece y reprende. No deja nunca de velar por el bienestar eterno de tu alma (1 Pedro 5:10). Pedro nos recuerda que *este* Jesús, el Pastor y Obispo, llevó «nuestros pecados en su cuerpo sobre el madero, para que nosotros, estando muertos a los pecados, vivamos a la justicia» (1 Pedro 2:24). ¡Créelo! El que se entregó para salvar tu alma nunca dejará de pastorearla.

Conclusión

Allí junto a las aguas refrescantes en Cesarea de Filipo, Jesús habla de «ir a Jerusalén para padecer y ser muerto y resucitar al tercer día». Así, de una vez por todas, da muerte a la ilusión vanidosa de los discípulos de obtener una corona de gloria sin llevar la cruz del sacrificio. Jesús les revela que ha venido no con el fin de liberarlos de la corrupción romana, sino para liberarlos a ellos y a toda la humanidad de la corrupción del pecado y la muerte:

> *Jesucristo es el Pastor de tu alma. El que se entregó para salvar tu alma nunca dejará de pastorearla.*

> No hay un solo justo, ni siquiera uno;
>   no hay nadie que entienda,
>   nadie que busque a Dios.
> *Todos* se han descarriado;
>   juntos se han corrompido.
> (Romanos 3:10b-12, NVI, citando el Salmo 14:1-3).[10]

En Mateo 16:16, Pedro hizo la *gran confesión*: «Tú eres el Cristo, el Hijo del Dios viviente». En Mateo 16:22, Pedro cae en la *gran*

---

10. Véase también Proverbios 20:9: «¿Quién podrá decir: Yo he limpiado mi corazón; limpio estoy de mi pecado?».

confusión: «Señor, ten compasión de ti; en ninguna manera esto te acontezca». Y unos pocos días después, en el monte de la transfiguración, Pedro oye *la gran confirmación* del Padre: «Este es mi Hijo amado, en quien tengo complacencia; *a él oíd*» (Mateo 17:5), porque en Él se cumple la ley (Moisés) y los profetas (Elías).[11] ¡*Este* Hijo glorioso es el Hijo que padecerá, morirá y resucitará al tercer día! Más adelante en su ministerio, el Pedro maduro nos animará a poner nuestra mira siempre en Cristo y asombrarnos del sacrificio que hizo para salvar nuestra alma: «Conducíos en temor todo el tiempo de vuestra peregrinación; sabiendo que fuisteis rescatados de vuestra vana manera de vivir... no con cosas corruptibles, como oro o plata, sino con la sangre preciosa de Cristo, como de un cordero sin mancha y sin contaminación» (1 Pedro 1:17-19).

¿Cómo está tu alma? Tu alma es el tú verdadero, que Dios creó y redimió en Cristo para las buenas obras que Él preparó de antemano para que las hicieras (Efesios 2:10).[12] ¿Crees que ya venciste los deseos carnales que batallan contra tu alma? Entonces, ¿qué del enojo que usas para «motivar» a tu cónyuge a cumplir con tus deseos? ¿Qué del deseo secreto que cultivas de estar casado con alguien que pudiera satisfacer mejor tus expectativas? ¿Qué de tu murmuración

---

11. En estas palabras que el Padre pronuncia sobre el Hijo, Pedro hubiera reconocido de inmediato la confirmación de Isaías 42:1: «He aquí mi Siervo, yo le sostendré; mi escogido en quien mi alma tiene contentamiento». El mensaje de la transfiguración es que Jesús, el *Hijo* de Dios, representa el cumplimiento a todo lo que apuntaban la ley de Dios (Moisés) y los profetas (Elías), un hecho que Jesús confirma después de su resurrección (Lucas 24:27 y 44). No obstante, le costó a Pedro bastante tiempo comprender que Jesús, el Mesías, era también el Siervo Sufriente de Isaías 53, quien no podría cumplir las promesas de los profetas sin entregar su vida en sacrificio en la cruz (1 Pedro 1:10-12 y 2 Pedro 1:16-21).

12. Dallas Willard explica bien la naturaleza del alma y su función en la vida del ser humano cuando dice: «Lo que dirige tu vida en cualquier momento es tu alma. Es la dimensión de tu ser que coordina, integra y aviva todo lo que sucede en las demás áreas de tu vida». Véase *Renovation of the Heart: Putting on the Character of Christ* (Colorado Springs, CO: NavPress, 2002), 199, 204; edición en español, *Renueva tu corazón* (Viladecavalls: CLIE, 2004). Según la Biblia, Dios tiene un alma (Isaías 42:1; Hebreos 10:38) y también Jesús (Mateo 26:38; Juan 12:27).

contra aquel líder en la iglesia, que no hizo lo que quisiste? ¿Qué de la venganza que no sueltas porque solo deseas la «justicia de Dios»? No estamos en Adán, pero ¡Adán todavía está en nosotros!; y solo el Segundo Adán puede salvar nuestra alma de los deseos carnales que batallan contra ella.

Querido lector, ¿has puesto tu fe en Jesucristo para salvarte de tu pecado y redimir el verdadero tú que eres? Si tu respuesta es no, hazlo antes de acostarte esta noche. Si ya lo has hecho, ahora pídele a Cristo que salve tu alma de los deseos carnales que batallan contra ella. Él lo hará con el mismo gozo y gracia poderosa con que te salvó a ti y me salvó a mí, aquella noche de la cena de los espaguetis.

Guía de estudio

Capítulo 5: **Reprendido**

Resumen del capítulo

El Señor Jesús te reprende con amor fiel para salvar tu alma de la corrupción de la carne que te desviará de seguirlo a Él.

Para comenzar

¿Te sorprende lo que dice el autor sobre su necesidad de «salvar» su alma de la carne? ¿Por qué necesitamos la salvación de nuestra alma no solo de la *condenación*, sino también de la *corrupción*?

Preguntas para contestar:

1. ¿Cómo se define «la carne» en este capítulo? ¿Cuáles son algunas maneras superficiales en que pensamos en la carne?
2. ¿De qué manera se puede manifestar la carne en las obras que hacemos en la iglesia o en el ministerio? Piensa en los ejemplos de Aarón y María, y del rey Uzías.
3. ¿Por qué creía Pedro que el Señor Jesús estaba «equivocado» cuando hablaba de su rechazo, su sufrimiento y su muerte?
4. Lee Mateo 16:22. ¿Cómo eran las palabras de Pedro («En ninguna manera esto te acontezca») un reflejo de su agenda personal?
5. ¿Por qué reprendió Jesús a Pedro con tanta severidad? ¿Cómo veía Jesús las palabras de Satanás en las palabras de Pedro?
6. ¿De qué maneras ponemos nuestra mira en «las cosas del hombre» y no en las de Jesucristo? ¿Encuentras en tu corazón algún sueño, plan o prioridad, cuya mira esté puesta en tus propios deseos carnales?
7. ¿Cuáles son algunos de los atributos del Señor que se manifiestan cuando nos reprende? ¿Cuáles son los beneficios que

recibimos si respondemos con humildad a la represión del Señor?
8. Lee con atención las palabras de Jesús en Mateo 16:24-27. ¿De qué manera podemos «perder» nuestra alma, aunque estemos activos en nuestra iglesia? Según Dallas Willard, ¿cuál es el costo del «no discipulado»?
9. ¿Cómo pastorea el Señor Jesús nuestra alma? ¿De qué manera está pastoreando tu alma en estos días?

Para orar

- Lee Filipenses 2:19-21 y toma nota del ejemplo de Timoteo. Ora por tu propia vida a la luz del ejemplo de Timoteo.
- Examina tu corazón en oración y pregúntale al Señor si tienes la mira desviada hacia cosas de tu propia agenda. De ser así, confiesa tu pecado y pídele que pastoree tu alma.

Para meditar durante la semana

Medita en Mateo 17:1-8 y la experiencia de Pedro en la transfiguración de Jesús. ¿De qué manera nos ayuda la transfiguración a mantener nuestra mira en Jesús y oírle con atención y arrepentimiento?

No somos transformados por el conocimiento, sino por la confesión... A través de la confesión, encontramos la seguridad de que somos amados por el Padre, lo cual nos da libertad para lavar los pies de nuestros hermanos y subir al Calvario.

RICARDO BARBOSA DE SOUSA[1]

El amor no busca lo suyo.

1 CORINTIOS 13:5

---

1. Ricardo Barbosa de Sousa, *Por sobre todo cuida tu corazón: ensayos sobre la espiritualidad cristiana*, Fraternidad Teológica Latinoamericana, 20/21, ed. C. René Padilla (Buenos Aires, Kairós, 2005), 259.

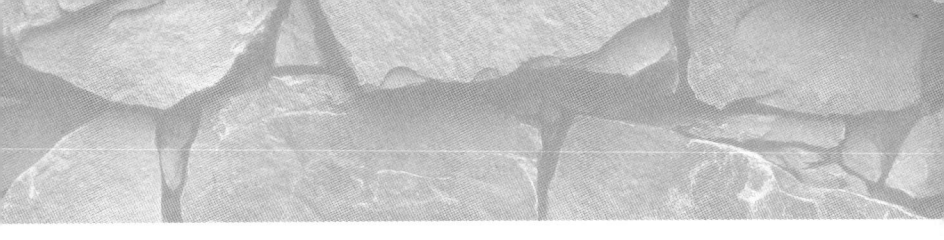

Lavado

Principio de Pedro #6:
Tan grande es el deseo de Jesús de sentarte a su mesa que se hizo un siervo para lavarte los pies sucios.

RECIENTEMENTE ESTUVE almorzando con un hombre joven de nuestra iglesia, quien había puesto su fe en Cristo después de unos años atormentados por la adicción a las drogas y al alcohol. En algún momento de nuestra charla, le mencioné que no lo había visto en la congregación en las últimas semanas. Me dijo: «Te voy a decir la verdad; tuve una recaída con el alcohol, y me siento tan mal que no tengo ganas de ir a la iglesia». Escuché mientras me hablaba de su frustración y de la desilusión que sentía por no poder dejar atrás sus adicciones. Cuando pidió mi consejo, le expliqué cómo Jesús se había alegrado en salvarlo y que se alegraría también en restaurarlo a la comunión con Él. Pensando en mis propias luchas, le dije que «nuestros fracasos son espacios de comunión estrecha con Cristo, porque Él entra ahí para limpiarnos y discipularnos por el poder del Espíritu Santo». Oraba por mi amigo mientras almorzábamos, pero cuando nos levantamos de la mesa, pude ver que no entendía todavía cuánto Jesús deseaba renovar la comunión con él. No entendía la misma verdad que Pedro tuvo que aprender: Jesús desea tanto la comunión con nosotros que se hizo un lavador de pies sucios.

Los pies sucios y la mesa del Señor

Al comenzar la última cena pascual que celebrará con sus discípulos, Jesús expresa la intensidad de su deseo de compartir su mesa con ellos: «¡*Cuánto* he deseado comer con vosotros esta pascua antes que padezca!» (Lucas 22:15). Una traducción literal de las palabras de Jesús sería: «He deseado con deseo» comer esta pascua con ustedes.[2] Jesús desea intensamente disfrutar la comunión con sus discípulos una vez más, pero los mismos discípulos la rompen cuando generan «entre ellos una disputa sobre quién de ellos sería el mayor» (Lucas 22:24). La suciedad de la calle que se había pegado a los pies de los discípulos no se compara en nada con las rivalidades que ensucian la mesa del Señor.

Nuestros fracasos son espacios de comunión estrecha con Cristo, porque Él entra ahí para limpiarnos y discipularnos por el poder del Espíritu Santo.

¿Cómo responderá Jesús ante la soberbia de sus discípulos? ¿Con disgusto? ¿No han aprendido *nada* de sus enseñanzas sobre la humildad?[3] La respuesta de Jesús es una parábola en vivo que los escandaliza:

> Antes de la fiesta de la pascua, sabiendo Jesús que su hora había llegado para que pasase de este mundo al Padre, como había amado a los suyos que estaban en el mundo, los amó hasta el fin. Y cuando cenaban, como el diablo ya había

---

2. Darrell L. Bock, *Luke* (Downers Grove, IL: InterVarsity, 1994), 348. Jesús emplea un modismo hebreo que utiliza la redundancia para expresar la intensidad de su deseo.

3. Parece que los discípulos no habían aprendido nada del ejemplo del niño que Jesús puso entre ellos para enseñarles que «cualquiera que se humille como este niño, ese es el mayor en el reino de los cielos» (Mateo 18:1-4; Lucas 9:46-48; Marcos 9:33-37). Tampoco habían aprendido del ejemplo de Jesús mismo cuando respondió a las pretensiones de Juan y Jacobo de sentarse en los tronos a su lado: «No sabéis lo que pedís... porque el Hijo del Hombre no vino para ser servido sino para servir, y para dar su vida en rescate por muchos» (Marcos 10:38, 45).

puesto en el corazón de Judas Iscariote, hijo de Simón, que le entregase, sabiendo Jesús que el Padre le había dado todas las cosas en las manos, y que había salido de Dios, y a Dios iba, se levantó de la cena, y se quitó su manto, y tomando una toalla, se la ciñó. Luego puso agua en un lebrillo, y comenzó a lavar los pies de los discípulos, y a enjugarlos con la toalla con que estaba ceñido (Juan 13:1-5).

Según las costumbres del Nuevo Testamento, los discípulos habrán estado recostados sobre unos cojines grandes (o sillones bajos) con su cabeza hacia la mesa y sus pies hacia fuera, formando así un anillo de pies sucios.[4] El dueño de la casa ha dejado el lebrillo, el agua y la toalla en el salón, pero no había quién se rebajara para lavar los pies de los invitados. Tomando el lebrillo en su mano, el Hijo de Dios —quien merece que sus discípulos peleen por el honor de ungirle los pies con perfume, como hizo María pocos días antes (Juan 12:3)— pasa lentamente por el anillo de los pies sucios. Se arrodilla al lado de cada discípulo. Le lava los pies y se los enjuga con la toalla con la que está ceñido, al estilo de un esclavo.[5] Las manos que hicieron todas las cosas que hay (Juan 1:3) ahora lavan mugre de los pies y de los corazones de discípulos tan soberbios como nosotros.

Los pies sucios de Pedro

Cuando Jesús se acerca a Pedro para lavarle los pies, este *protesta*: «Señor, ¿tú me lavas los pies?» (Juan 13:6). El asombro de Pedro se capta mejor si traducimos el texto griego: «Señor, ¿tú *a mí*, me lavas

---

4. Según el comentarista Leon Morris es probable que los discípulos se recostaran en una especie de sillón bajo que se llamaba *triklinia*, la cual tenía espacio para tres personas. Estos sillones estaban puestos en la forma de una «U» con los invitados más distinguidos recostados en la base de la U. Leon Morris, *Reflections on the Gospel of John*, vol. 3 (the True Vine, John 11-16) (Grand Rapids, MI: Baker, 1988), 478. Si así sucedió en la noche de la última cena del Señor, entonces Juan y Judas eran los que compartían el mismo sillón con Jesús.

5. Irónicamente, Juan el Bautista se refería a Jesús como al que «ni soy digno de desatar la correa del calzado» como para lavarle los pies (Juan 1:27).

los pies?». Jesús responde a la protesta de Pedro con palabras que anticipan lo que hará en la cruz en unas pocas horas para lavar a Pedro eternamente de su pecado: «Lo que yo hago, tú no lo comprendes ahora; mas lo entenderás después» (Juan 13:7). Pedro no entiende, pero —igual que en muchas otras ocasiones— cree que tiene razón y que Jesús es el equivocado: «Pedro le dijo: No me lavarás los pies [nunca] jamás» (Juan 13:8a).[6]

Pedro cree que su protesta demuestra humildad, pero, en realidad, demuestra la falta de ella. Refleja soberbia: aquella soberbia insidiosa de no querer que Jesús le lave los pies porque será demasiado humillante que el Hijo del Dios viviente tenga que rebajarse para limpiarlo como a los otros discípulos. En la soberbia de Pedro, yo encuentro la mía: «¡No, Señor! Si mis pies están sucios, yo mismo me encargo de lavarlos. Verás que, de ahora en adelante, yo haré las cosas mejor que otros». ¡Qué necedad!

Las manos que hicieron todas las cosas que hay ahora lavan mugre de los pies y de los corazones de discípulos tan soberbios como nosotros.

Jesús ama a Pedro «hasta el fin». No desiste de su deseo de lavarle los pies: «Si no te lavare, no tendrás parte conmigo» (Juan 13:8b). En estas palabras de Jesús, vemos que el Señor lava pies no solo como un acto de servicio humilde, sino porque desea intensamente tener comunión con sus amados discípulos, ¡a pesar de sus pies sucios! Las palabras «si no te lavare, no tendrás parte conmigo» tocan el corazón de Pedro. Cambia su protesta por una propuesta: «Señor, no solo mis pies, sino también las manos y la cabeza» (Juan 13:9). ¡Pedro quiere que todo su ser sea agradable a Jesús! Pero aun en sus mejores intenciones, se oye otra vez el mismo tono de rivalidad. Si bien los otros discípulos tendrán sus pies lavados por

---

6. La protesta de Pedro toma la forma de un negativo doble en el griego, *ou me* (οὐ μή). Es la negación más fuerte que Pedro puede expresar.

Jesús, ¡Pedro será el mayor por haber recibido un baño completo de pies, manos y cabeza!

De nuevo Jesús corrige a Pedro: «El que está lavado no necesita sino lavarse los pies, pues está todo limpio; y vosotros limpios estáis, aunque no todos» (Juan 13:10).[7] Pedro está limpio por medio de su fe en Jesús; más adelante hablará de la limpieza eterna de ser «rociados con la sangre de Jesucristo» (1 Pedro 1:2). Sin embargo, en *este* momento particular, Pedro necesita que Jesús lo lave de la soberbia que le impide servir a sus compañeros como Jesús lo sirve a él.[8]

De igual manera que Pedro, nuestra fe en Jesús no elimina nuestra necesidad de ser lavados continuamente por Él. En el Evangelio de Marcos, el Señor describe las cosas que salen de nuestro corazón y ensucian nuestro caminar con Él.

> Porque de dentro, del corazón de los hombres, salen los malos pensamientos, los adulterios, las fornicaciones, los homicidios, los hurtos, las avaricias, las maldades, el engaño, la lascivia, la envidia, la maledicencia, la soberbia, la insensatez. Todas estas maldades de dentro salen, y contaminan al hombre (Marcos 7:21-23).

Si nuestra fe en Jesús no elimina nuestra necesidad de ser lavados por Él, entonces ¿qué hace? Nuestra fe en Cristo nos enseña cómo confesar nuestro pecado para seguir caminando con Jesús *en la luz*: «Pero si andamos en luz, como él está en luz, tenemos comunión

---

7. Judas no está limpio. Posiblemente el hecho de que Jesús se haya tomado el papel de un esclavo que lava pies confirma en la mente de Judas que nunca podrá creer en esta clase de «Mesías». De todos modos, Judas dejó que Jesús le lavara los pies, pero nunca dejó que le lavara el corazón de su incredulidad.

8. Algunos comentaristas han observado la diferencia entre el baño completo (13:10a «está lavado» *luow*) que representa la justificación del creyente por fe, y la limpieza de los pies (13:10b «lavarse los pies» *nipto*) que simboliza el perdón continuo que necesita para caminar con Cristo. Lutzer, *Chiseled by the Master's Hand* (Grand Rapids, MI: Kregel, 2013), 100-101; Merrill C. Tenney, «John», *The Expositor's Bible Commentary*, vol. 9, ed. Frank E. Gaebelein (Grand Rapids, MI: Zondervan Regency, 1981), 138 (n.º 10).

unos con otros, y la sangre de Jesucristo su Hijo nos limpia de *todo* pecado» (1 Juan 1:7). Jesús nunca nos pide que lavemos el pecado de nuestro corazón, pues ¿con qué lo haríamos? ¡Sería imposible! Lo que pide es que confesemos y reconozcamos nuestra necesidad infinita de ser lavados por el sacrificio de su sangre. Lo que pide es que creamos que Él nos «limpiará de todo pecado», porque desea intensamente que «tengamos parte con Él», todos los días y por toda la eternidad.

Cinco lecciones que aprendemos de Pedro

En Juan 13, vemos que Pedro crece otra vez en la gracia y el conocimiento de Jesucristo. ¿Qué aprendemos de él? Déjame compartir contigo cinco lecciones.

1. Jesús desea tener comunión con los que tienen pies sucios

¿Te sorprende? Jesús insistía en lavarle los pies a Pedro porque deseaba una comunión auténtica y transparente con él. No se conformaba con una comunión de apariencias, que le hubiera permitido a Pedro ocultar sus pies sucios. Sucedió lo mismo unos sesenta años después con los creyentes de la iglesia de Laodicea. Ellos también tenían pies sucios; en este caso, la suciedad provenía de la soberbia de creer que nada necesitaban: «Yo soy rico, me he enriquecido, y de ninguna cosa tengo necesidad» (Apocalipsis 3:17). Jesús los llama a arrepentirse y comprar *de Él* las riquezas verdaderas: oro refinado en fuego, vestiduras blancas y ungüento sanador para sus ojos (Apocalipsis 3:18-19). Las riquezas de Cristo fluyen de la comunión con Él: «He aquí, yo estoy a la puerta y llamo; si alguno oye mi voz y abre la puerta, entraré a él, y cenaré con él y él conmigo» (Apocalipsis 3:20).

Nuestra fe en Jesús no elimina nuestra necesidad de ser lavados continuamente por Él.

La mesa compartida es la figura máxima en el Nuevo Testamento para representar la comunión estrecha entre dos personas.[9] Esa es la clase de comunión que Jesús desea con los de Laodicea; no a pesar de sus pies sucios, sino precisamente *porque* tienen los pies sucios. ¿Le abrirán ellos? ¿Le abrirás tú a Jesús para que comparta su mesa contigo?

2. *Jesús se rebajó al máximo para lavar nuestros pies sucios*

Demasiadas veces no le abrimos la puerta a Jesús por miedo a que nos exponga los pies sucios. Pero lo que aprendemos de Pedro en Juan 13 es que no nos ayuda en nada seguir mirando y lamentando lo sucio de nuestros pies. Lo que cambia mi corazón —y lo que trae la confesión genuina a mis labios— es poner mi mirada una vez más en el sacrificio que Jesucristo hizo para tener comunión conmigo. El apóstol Pablo escribió:

> Haya, pues, en vosotros este sentir que hubo también en Cristo Jesús, el cual, siendo en forma de Dios, no estimó el ser igual a Dios como cosa a que aferrarse, sino que se despojó a sí mismo, tomando forma de siervo, hecho semejante a los hombres; y estando en la condición de hombre, se humilló a sí mismo, haciéndose obediente hasta la muerte, y muerte de cruz (Filipenses 2:5-8).

Bajo las normas sociales del Nuevo Testamento, solo los esclavos *gentiles* —o sea los más bajos de los bajos— podían ser obligados a lavar los pies de los invitados.[10] El Señor Jesús se rebajó aún más —hasta la suma vergüenza de «muerte de cruz»— porque deseaba intensamente tener comunión contigo y conmigo. Pregunto otra vez: ¿Abrirás la puerta para cenar con tu Salvador?

---

9. Véase S. S. Bartchy, «Table Fellowship», *Dictionary of Jesus and the Gospels*, eds. Joel B. Green, Scot McKnight e I. Howard Marshall (Downers Grove, IL: Intervarsity, 1992), 796-800.

10. *Biblia de estudio Mundo Hispano*, 2151.

3. Somos llamados a lavar pies cada día

Los discípulos pelearon entre sí sobre quién de ellos sería el mayor (Lucas 22:24). Hacemos lo mismo. Peleamos entre nosotros por demostrar nuestra valía y superioridad: ¿quién será el más dinámico, el más atractivo, el más poderoso, el más influyente, el más admirado o el más espiritual en la iglesia? Son peleas que nos ensucian los pies.

El Señor Jesús no se conforma solo con exponer nuestra soberbia y limpiarnos de ella. Él nos asigna una práctica diaria para eliminarla. Mira lo que hizo Jesús después de lavar los pies sucios de sus discípulos:

> ...tomó su manto, volvió a la mesa, y les dijo: ¿Sabéis lo que os he hecho? Vosotros me llamáis Maestro, y Señor; y decís bien, porque lo soy. Pues si yo, el Señor y el Maestro he lavado vuestros pies, vosotros también debéis lavaros los pies los unos a los otros. Porque ejemplo os he dado, para que como yo os he hecho vosotros también hagáis (Juan 13:12-15).[11]

Jesús le lavó los pies a Pedro y ahora llama al discípulo de piedra a vivir como lavador de pies. Jesús te lavó los pies —y el corazón— y también te llama a vivir como lavador de pies. ¿Qué significa eso? Algunas tradiciones denominacionales (católicos, anglicanos, ortodoxos, y unos menonitas y pentecostales) siguen la práctica del lavado físico de los pies, por lo menos una vez al año en el Jueves Santo.[12]

---

11. El mandamiento de Jesús de lavarse los pies unos a otros es uno de los cuatro unos a otros «magnos» en que somos llamados a darles a los demás la misma clase de gracia que Jesucristo nos ha dado a nosotros. Los otros tres son: (1) *recibirnos* los unos a los otros, como también Cristo nos recibió para gloria de Dios (Romanos 15:7); (2) *perdonarnos* los unos a los otros, como Cristo nos perdonó (Efesios 4:32; Colosenses 3:13) y (3) *amarnos* los unos a los otros, como Cristo nos amó (Juan 13:34; 15:12 y 1 Juan 3:23). Se nota la relación estrecha entre los cuatro, siendo unidos por el compromiso relacional inquebrantable de Cristo con nosotros.

12. John Christopher Thomas, «Footwashing», en *Dictionary of Christian Spirituality*, ed. Glen G. Scorgie (Grand Rapids, MI: Zondervan, 2011), 450-51.

Otros definen el lavar pies como la disposición de hacer trabajos humildes o «sucios» donde nadie ve, como por ejemplo arreglar el inodoro de la iglesia o recoger basura en el parqueo. En ciertos casos, el lavado de pies ha servido como un acto de contrición pública, como la iglesia que convocó un culto especial para lavar los pies de sus expastores y sus familias, y pedirles perdón por el maltrato que habían sufrido.[13]

Sin restarle ningún mérito a estos ejemplos, las acciones de Jesús en Juan 13 nos muestran que la esencia de lavar pies es servirnos unos a otros con la misma abundancia de gracia que recibimos de Él. En el lavado de pies, el que sirve comparte la gracia de Cristo con el que la necesita. Todos por igual vivimos necesitados de recibir la gracia de Jesús de otros, y todos por igual podemos compartir la gracia de Jesús con otros. Este compartir mutuo de la «gracia sobre gracia» que todos recibimos de Cristo aniquila cualquier pretensión humana de superioridad, poder o privilegio. Reina suprema la gracia de Cristo, sobre el que la comparte y sobre el que la recibe.

> *Jesús te lavó los pies —y el corazón— y también te llama a vivir como lavador de pies.*

Entendido así, ¿vemos cómo la supremacía de la gracia de Cristo vivifica la práctica de los «unos a los otros»?

- aceptarse unos a otros *como Cristo* los ha aceptado (Romanos 15:7, NVI y NTV);
- perdonarse unos a otros como Dios los ha perdonado *en Cristo* (Efesios 4:32; Colosenses 3:13);
- llevarse las cargas unos a otros para cumplir con *la ley de Cristo* (Gálatas 6:2).

---

13. Paul Pastor, «The Widowmaker Repents», *Christianity Today,* https://www.christianitytoday.com/pastors/2014/january/widowmaker-repents.html (consultado el 23 de agosto de 2019).

Agrego un ejemplo más —de la boca de Pedro— que ilumina el espíritu con que lavamos pies: «Todos, sumisos unos a otros, revestíos de *humildad* porque Dios resiste a los soberbios, y da gracia a los humildes» (1 Pedro 5:5). Tal humildad lavará pies con la oración intercesora, el amor ferviente, la hospitalidad anuente y el servicio dispuesto que administra a otros «la multiforme gracia de Dios» (1 Pedro 4:7-11). En su libro clásico *Un llamado serio a una vida de devoción y santidad*, el escritor puritano William Law nos exhorta a hacer de cada día:

> ...una jornada de humildad; condescienda a todas las debilidades y enfermedades de sus criaturas congéneres, cubra sus flaquezas, ame sus excelencias, aliente sus virtudes, alivie sus necesidades, regocíjese en su prosperidad, sea compasivo en sus aflicciones, reciba sus amistades, tolere sus faltas de bondad, perdone sus malicias, sea un siervo de siervos y condescienda a prestar los servicios más humildes a los más inferiores de la humanidad.[14]

Si no llenamos nuestro lebrillo primero de la gracia de Cristo, será imposible lavar pies sucios. No lavamos pies *solo* para aliviar necesidades físicas, pues los que no conocen a Cristo hacen muchas obras de caridad. Lavamos pies para derramar la gracia de Jesús; siempre con el fin de ayudar al que servimos a conocer a Jesús, amarlo, seguirlo y servirle para gloria de Dios Padre (Filipenses 2:11).

4. Hay bienaventuranza en lavar pies

Jesús cierra su enseñanza con una promesa sorprendente: lavar pies nos conducirá a la bienaventuranza, no a la servidumbre:

> De cierto, de cierto os digo: El siervo no es mayor que su señor, ni el enviado es mayor que el que le envió. Si sabéis

---

14. Citado en J. Oswald Sanders, *Liderazgo espiritual* (Grand Rapids, MI: Portavoz, 1995), 63.

estas cosas, bienaventurados seréis si las hiciereis (Juan 13:16-17).

¿A qué clase de bienaventuranza se refiere Jesús? Entre muchas posibilidades, hay dos que brillan en Juan 13. La primera bienaventuranza está en ser liberado de las rivalidades nocivas sobre «quién será el mayor». Después de la noche que Jesús lavó los pies de sus discípulos, no leemos de otras ocasiones en que los discípulos pelearon por ver quién era el mayor. ¡Estaban lejos de ser perfectos!, pero la gracia que Jesús les mostró cuando les lavó los pies dio muerte al espíritu de rivalidad entre ellos.

La segunda bienaventuranza consiste en vivir como fuente de la gracia de Cristo. ¿Ves las oportunidades que Jesús te da para lavar pies con la misma gracia que Él te brinda todos los días? ¿Ves los pies de tu cónyuge, que te criticó anoche? ¿Ves los

Lavar pies nos conducirá a la bienaventuranza, no a la servidumbre.

pies de un líder en tu iglesia que te trata como siervo? ¿Ves los pies de una persona anciana que nunca da las gracias y ni siquiera sabe quién eres? ¿Ves los pies de niños necesitados que nunca han conocido el amor puro de Dios? ¿Qué te impide lavar pies? Lo que me impide a mí, en muchas ocasiones, es no comprender *cuánta* gracia he recibido y *cuánta* gracia todavía necesito de Jesucristo. Me veo como el deudor de solo cincuenta denarios en la casa de Simón el fariseo. «A quien se le perdona poco, poco ama», y pocos pies lava (Lucas 7:47).

5. La gracia de Cristo reina suprema en el lavado de pies

Hace unos años, estuve enseñando sobre liderazgo en el país de Cuba junto con otro profesor. Decidimos finalizar el curso lavando los pies de los estudiantes para demostrarles nuestro aprecio y respeto por los ministerios que llevaban a cabo bajo condiciones extremas que nosotros nunca habíamos conocido. Entramos en el aula con el agua y unas toallas. Explicamos lo que íbamos a hacer y les pedimos a los estudiantes que se quitaran el calzado y los calcetines. Vertimos agua en unos recipientes y comenzamos a lavar sus pies, mientras orábamos por cada uno. Para nuestra sorpresa, los estudiantes también insistieron en lavarnos los pies como sus maestros.

Después que todos terminamos, hubo silencio en el aula. Nos quedamos todos tocados. Reinaba suprema la gracia de Cristo que borra en cualquier lugar toda distinción de privilegio, rango académico, poder, estatus o etnia. Había solamente discípulos de Jesucristo en esa aula, maravillados de la bienaventuranza del nuevo mandamiento que Jesús dejó la noche en que lavó pies: «Que os améis unos a otros; como yo os he amado, que también os améis unos a otros (Juan 13:34). Jesús tenía razón —como siempre—: «Si sabéis estas cosas, bienaventurados seréis, si las hiciereis». Dietrich Bonhoeffer dijo:

> Aquel que ha experimentado, aunque sea una sola vez, la misericordia de Dios en su vida, en adelante no desea más que una cosa: servir a otros. Ya no le atrae el papel pretencioso del juez, sino que desea encontrarse entre los pobres y humildes —allí donde Dios lo ha encontrado [a él].[15]

Conclusión

Sabiendo que «su hora había llegado», Jesús lavó la suciedad de los pies de sus discípulos, pues «los amó hasta el fin». Pedro fue el único que protestó. Quizá los otros discípulos sentían la misma incomodidad, pero solo Pedro dijo: «¡Señor, no me lavarás los pies jamás!». ¿Temía Pedro que Jesús le pidiera lo mismo si dejaba que le lavara los pies?

Se aproximan las horas oscuras del reino de las tinieblas. Si los discípulos siguen peleando por la preeminencia de «quién será el mayor», serán presa fácil para las artimañas de Satanás. Jesús lava los pies de Pedro porque es hora de que el hombre de piedra sepa con certeza que el verdadero «mayor» entre ellos es el que lava pies en el nombre de su

---

15. Dietrich Bonhoeffer, *Vida en comunidad* (Salamanca: Sígueme, 2003), 87.

Señor y Maestro. Es hora de que reine suprema la gracia de Jesucristo sobre cualquier pretensión humana.

¿Qué a ti? Me gustaría cerrar este capítulo pidiéndote que pienses en los pies: en los tuyos y en los pies ajenos. En cuanto a los tuyos, ¿estás dispuesto a dejar que Jesús te lave de cualquier suciedad que contamine tu caminar con Él? ¿Entiendes qué hizo Jesús por ti en la cruz y *cuánto* desea lavarte los pies para compartir su mesa contigo?

En cuanto a los pies ajenos, ¿ha puesto el Señor Jesús delante de ti unos pies «sucios», pies necesitados del mismo lavado de gracia que Jesús te mostró a ti? ¡El siervo no es mayor que su señor! Llena tu lebrillo de la gracia de Cristo, cíñete la toalla y entra en la bienaventuranza de lavar pies en el nombre de Jesús, pues «las toallas son baratas, así como el agua, y siempre hay pies cansados y polvorientos cerca de nosotros».[16]

Oh Jesús, te llamo mi Señor, mi Maestro y mi Salvador,
porque lo eres.
Me lavaste los pies
y me dijiste que lavara los pies de mis hermanos.
Pero mi corazón no deja de desear «ser el mayor».

¡Cámbiame, oh Jesús!
Recuérdame cada día la bienaventuranza de saber
que Tú estás conmigo, y yo estoy contigo,
cada vez que lavo pies con la misma gracia
con la que me lavaste el corazón.

---

16. Clarence Edward Macartney, *Peter and His Lord: Sermons on the Life of Peter* (Nashville, TN: Abingdon, 1937), 70.

Guía de estudio

Capítulo 6: **Lavado**

Resumen del capítulo

El deseo de Jesucristo de sentarte a su mesa y tener comunión contigo es tan grande que se hizo un siervo para lavarte de la suciedad de tu pecado.

Para comenzar

El autor comienza el capítulo con la historia de una conversación que tuvo con un amigo. ¿Puedes identificarte con alguna parte de la historia? ¿A cuáles «estrategias» acudes tú cuando luchas una y otra vez con el mismo pecado?

Preguntas para contestar

1. Lee Lucas 22:24. ¿Cuál era el pecado de los discípulos que los dejó con pies sucios a la mesa del Señor?
2. El autor dice que Jesús respondió a las rivalidades carnales entre los discípulos con una «parábola en vivo». ¿Cuál era esta parábola en vivo y qué les enseñó a los discípulos?
3. Lee Juan 13:6-8. La protesta de Pedro: «Señor, ¿tú me lavas los pies?», ¿demuestra humildad u orgullo? Explica tu respuesta.
4. Lee Marcos 7:21-23. ¿De dónde viene el pecado que nos ensucia «los pies»? Según 1 Juan 1:7, ¿cuál es la fe que necesitamos para ser lavados del pecado que sale de nuestro corazón?
5. De las cinco lecciones que aprendemos de Pedro, ¿cuál te impacta más?
6. El autor dice que «las acciones de Jesús en Juan 13 nos muestran que la esencia de lavar pies es servirnos unos a otros con la misma abundancia de gracia que recibimos de Él». ¿Cuáles

son algunos obstáculos que nos impiden compartir con otros la misma gracia que recibimos de Jesucristo?
7. Jesús nos llama a lavarnos los pies los unos a otros. ¡No parece ser una tarea agradable! Entonces, ¿por qué dice Jesús que seremos bienaventurados si lo hacemos?
8. ¿Por qué crees que el autor dice que, en el lavado de los pies, «la gracia de Cristo reina suprema»?
9. ¿Hay «pies sucios» alrededor de ti que necesitan ser lavados? ¿Qué harás para llenar tu lebrillo de agua y tomar tu toalla para lavar pies en el nombre de Jesús?

Para orar

- Lee Filipenses 2:5-11 y toma tiempo para alabar al Señor Jesús por su humildad.
- ¿Hay un pecado que te esté ensuciando los pies? ¿Cuál es? ¿Estás dispuesto a confesárselo al Señor y dejar que te lave y te limpie de todo pecado? (1 Juan 1:9).

Para meditar durante la semana

Medita en 1 Juan 1:1–2:2. ¿Dónde observas en este pasaje el deseo de Jesucristo de tener comunión contigo? Juan escribió su primera epístola unos sesenta años después de los hechos de Juan 13. ¿De qué manera se cumplieron las acciones de Jesús, de lavar los pies de sus discípulos, en la declaración maravillosa que Juan hace en 1 Juan 2:2?

> ¿Qué produjo el cambio de un hombre cobarde que maldecía a un hombre arrepentido que lloraba amargamente? Algo sencillo, pero más profundo que cualquier otra cosa sobre la tierra: «Vuelto el Señor, miró a Pedro». ¡Qué mirada! Más penetrante que un rayo de láser, más elocuente que diez mil palabras.
>
> EDWARD DONNELLY[1]

> Puedes estar seguro de que los hombres caen en privado mucho antes de que caigan en público.
>
> J. C. RYLE[2]

---

1. Edward Donnelly, *Peter: Eyewitness of His Majesty* (Edimburgo: Banner of Truth Trust, 1998), 38.
2. J. C. Ryle, *Un llamado a la oración* (Pensacola, FL: Chapel Library, 2020), 14. Ryle se está refiriendo específicamente al fracaso en la vida de oración.

Zarandeado

Principio de Pedro #7:
En medio del zarandeo de Satanás, pon tu mirada en Aquel que nunca quitará su mirada de ti.

EN LOS TIEMPOS DEL NUEVO TESTAMENTO, los agricultores tenían que zarandear el trigo para separarlo de la paja que lo envolvía. Para realizar el zarandeo, colocaban primero las gavillas de trigo en la era para ser aplastadas bajo el peso de bueyes que las pisoteaban repetidamente. Después tomaban la mezcla y la echaban al aire para que el viento separara el trigo de la paja. El trigo se recogía para ser almacenado en los graneros. La paja era desechada y quemada.[3]

El zarandeo también es necesario para separar el trigo de la paja en la vida de todo discípulo de Jesucristo. Con frecuencia, los creyentes que *más* anhelan servir a Cristo y llevar fruto para Él son los que se encuentran en medio de un zarandeo doloroso e inesperado. ¿Te sorprende? ¡Quizá te sorprende más saber que el mismo Señor Jesús es quien les permite ser zarandeados! ¿Por qué? Veremos la respuesta en el zarandeo de Pedro y los discípulos.

---

3. *New International Bible Dictionary*, s.v. *farming*, ed. Merrill C. Tenney (Grand Rapids, MI: Zondervan, 1987), 348.

Jesús les advierte a los discípulos del zarandeo de Satanás

«Simón, Simón, mira que Satanás ha pedido para zarandearlos a ustedes como si fueran trigo» (Lucas 22:31, NVI). Con estas palabras espantosas, el Señor Jesús finaliza la cena con sus discípulos y les da un anticipo de los acontecimientos funestos de las próximas horas. Satanás ha pedido permiso para «zarandear» a los discípulos de Jesús. ¿Cuál es su objetivo? ¡Demostrar que la fe de ellos es nada más «paja» que se llevará el viento de las tribulaciones!

> *Con frecuencia, los creyentes que más anhelan servir a Cristo y llevar fruto para Él son los que se encuentran en medio de un zarandeo doloroso e inesperado.*

En el zarandeo de los discípulos, Satanás procura zarandear a Jesús mismo. Busca la oportunidad para burlarse de Él: «Mira, todos tus discípulos —en quienes invertiste tanto esfuerzo y amor— ¡te han abandonado! ¡Tu sacrificio en la cruz será en vano, pues *ninguno* de ellos está dispuesto a entregar su vida por el reino despreciable que *tú* proclamas!». Muchos siglos antes, Satanás había recurrido al mismo cinismo para acusar a Job delante de Dios: «¿Y acaso Job te honra sin recibir nada a cambio?... quítale todo lo que posee, ¡a ver si no te maldice en tu propia cara!» (Job 1:9-11, NVI).

¿Por qué permitirá el Señor Jesús el zarandeo de sus amados discípulos?[4] En la furia del zarandeo de Satanás, parecerá que los discípulos son de pura paja. ¿El diablo tendrá razón? No. Lo que Satanás no

---

4. El texto no dice directamente a quién le pidió Satanás permiso para zarandear a los discípulos. Lo cierto es que tuvo que pedir permiso. La implicación es que pidió permiso de Jesús mismo, lo cual hubiera sido otra oportunidad para tentar a Jesús (Lucas 4:13).

entiende es cómo Jesús aprovechará al zarandeo para separar la paja, de la fe verdadera que formará en sus discípulos.

¿Conoces el zarandeo?

¿Conoces tú el zarandeo? Si aspiras a seguir y a servir a Jesucristo, enfrentarás el zarandeo de Satanás. ¡Sin excepción! El zarandeo es mucho más que sufrir penas y pruebas. Satanás confecciona su zarandeo a tu medida, con el fin de aniquilar tu fe y «devorarte» como león rugiente (1 Pedro 5:8). Con frecuencia, el zarandeo toma la forma de una ola de adversidades que genera en el discípulo primero dolor, luego desilusión y duda, y finalmente desesperación. En otras ocasiones, el zarandeo de Satanás produce un sentido profundo de alejamiento de Dios o una sensación de abandono, porque ya no disfrutamos la sonrisa de nuestro *Abba*. En medio de cualquier zarandeo, gemimos con el salmista: «Fueron mis lágrimas mi pan de día y de noche, mientras me dicen todos los días: ¿Dónde está tu Dios?» (Salmo 42:3).

Me acuerdo de un tiempo de zarandeo en mi propia vida, cuando nos fuimos de Guatemala para vivir por un par de años en los Estados Unidos. El motivo de nuestro traslado era ayudar a nuestros hijos a establecerse en sus estudios universitarios, pero las cosas no resultaron según mis planes. Nuestro amado hijo luchaba con la depresión y dudaba de su fe en Cristo. Diagnosticaron a mi madre con melanoma, un cáncer que ya estaba en la etapa cuatro. Tuve que conseguir un segundo trabajo para cubrir nuestro presupuesto familiar. Y nuestras amistades de Guatemala nos hacían mucha falta.

Sobre todo, me sentía inútil por no seguir adelante con nuestro

> *Satanás confecciona su zarandeo a tu medida, con el fin de aniquilar tu fe y «devorarte» como león rugiente.*

ministerio en Guatemala, en el seminario donde servíamos. Me hacía falta el compañerismo de los estudiantes y profesores. Me sentía fracasado como padre y misionero. Temía que nunca volviera a tener la misma felicidad y las satisfacciones ministeriales que habíamos conocido antes. Me sentía abandonado por Dios en el momento en que más lo necesitaba.

¿Qué está haciendo el Señor Jesús en medio de *tu* zarandeo? ¡Está orando por ti! Toma nota del «pero yo» de Jesús: «Simón, Simón, mira que Satanás ha pedido zarandearlos a ustedes como si fueran trigo, *pero yo he orado por ti* para que no falle tu fe» (Lucas 22:32, NVI).[5] Toma nota también que Jesús no ora que no suceda el zarandeo, sino que ora que la fe de Pedro *no falle* por causa del zarandeo: «Y tú, cuando te hayas vuelto a mí, *fortalece* a tus hermanos» (Lucas 22:32b, NVI). Muy pronto Pedro fracasará. Muy pronto creerá que, de todos los discípulos de Jesús, él es el *menos* indicado para «fortalecer» la fe de sus hermanos. No obstante, prevalecerá la intercesión de Jesús y, después del zarandeo de Satanás, saldrá el trigo que Jesús sabe que está en Pedro.

¿Qué está haciendo el Señor Jesús en medio de tu zarandeo? ¡Está orando por ti!

Si estás atravesando un zarandeo que nunca esperabas, recuerda que la intercesión de Jesús por ti es personal, perseverante, y prevalecerá porque *Él* vive siempre para interceder por ti como tu Sumo Sacerdote indestructible (Hebreos 7:25).

---

5. La Reina-Valera 1960 traduce el versículo 32: «pero he rogado por ti, que tu fe no *falte*». La verdad es que sí faltó la fe de Pedro al negar a Cristo, pero no *falló* por completo. La palabra griega en el versículo 32 es «ekleipó» (ἐκλείπω) que connota la idea de quedar difunto, muerto o acabarse por completo (BAGD, 242, Rienecker y Rogers, *Linguistic Key*, 207). *No* falló la fe de Pedro en el sentido de acabarse por completo.

Cuando el Hijo ora al Padre, se libra un poder que vence todas las demandas de Satanás.[6]

¿Del zarandeo hacia el fracaso?

El Señor Jesús permite que seamos zarandeados con el fin de separar el trigo de nuestra fe en Él de la paja que la debilita. Creo que la paja que más debilita nuestra fe es la autoconfianza que describe Proverbios 16:18b: «antes de la caída [está] la altivez de espíritu». En Pedro y los discípulos, vemos cuatro eslabones en una cadena de «altivez de espíritu» que nos arrastra a todos hacia el fracaso espiritual.

Eslabón #1. Confiar en la fuerza de nuestro compromiso

Cuando Jesús le advierte a Pedro del zarandeo de Satanás, el hombre de piedra responde con palabras de confianza en la fuerza de su compromiso: «Señor, estoy dispuesto a ir contigo no solo a la cárcel sino también a la muerte» (Lucas 22:33). En la respuesta de Jesús, encontramos la única ocasión en la que se dirige a Pedro usando su apodo «Pedro»[7]. Le dice: «Pedro [*hombre de piedra*], te digo que el gallo no cantará hoy antes que tú niegues tres veces que me conoces» (Lucas 22:34). En otras palabras: «¡Hombre de piedra, estás por descubrir que tu amor por mí no es tan fuerte como crees!». Pero Pedro sigue confiando en sí mismo e insiste: «Si me fuere necesario morir contigo, no te negaré» (Marcos 14:31).

Eslabón #2. Confiar en nuestras buenas intenciones

Llegando al huerto de Getsemaní, Jesús elige a sus tres discípulos más íntimos —Pedro, Jacobo y Juan— para que velen con Él y oren por fuerzas para resistir la tentación de huir, que pronto vendrá. Los tres discípulos tienen buenas intenciones y creen que si surge alguna

---

6. Michael Wilcock, *The Message of Luke* BST, ed. John R. W. Stott (Downers Grove, IL: InterVarsity, 1979), 192.
7. Jesús también usa el nombre «Pedro» en Mateo 16:18, pero no se dirige a él usando ese nombre. En ambos casos, Jesús usa el nombre «Pedro» para recordarle a Simón sus responsabilidades como el hombre de piedra.

amenaza contra Jesús, ¡se levantarán para defender a su querido rabí a capa y espada! Pero el Señor los encuentra dormidos en sus buenas intenciones, y reprende a Pedro por su falta de liderazgo: «Simón, ¿duermes? ¿No has podido velar una hora?» (Marcos 14:37). Jesús los exhorta a los tres: «Velad y orad, para que no entréis en tentación», pero tiempo después Jesús los vuelve a encontrar dormidos, y los discípulos «no [saben] qué responderle» (Marcos 14:38, 40). Nuestras buenas intenciones suelen evaporarse en el calor del zarandeo.

Eslabón #3: Confiar en las armas carnales

Si oramos poco, confiaremos mucho en las armas de la carne para enfrentar el zarandeo. Al llegar Judas al huerto con la turba para arrestar a Jesús, los discípulos se disponen a usar la fuerza física para defenderlo: «Señor, ¿atacamos con la espada?» (Lucas 22:49). Pedro ni espera la respuesta. Ataca a la turba con su pobre daga galilea, pero solo logra herir levemente al siervo del sumo sacerdote (Juan 18:10; Lucas 22:50). Sabiendo Jesús que la agresividad de Pedro podría provocar la matanza de todos los discípulos, lo reprende otra vez: «¡Vuelve esa espada a su funda!... ¿Acaso no he de beber el trago amargo que el Padre me da a beber?» (Juan 18:11, NVI). La espada de Pedro mancha la belleza de la sumisión libre de Jesús a la voluntad de su Padre celestial. Habiendo luchado en oración, Jesús puede beber la copa del Padre; habiendo quedado Pedro dormido en la oración, le queda solo el arma impotente de la carne.

Eslabón #4. Confiar en nuestras estrategias astutas

La turba y los soldados se llevan preso a Jesús a la casa del sumo sacerdote, mientras que Pedro los sigue de lejos (Lucas 22:54). Aunque podría ser evidencia de su cobardía, es más probable que lo siguiera al estilo guerrillero, moviéndose sigilosamente en las sombras (como Sam Gamgee sigue a Frodo en la película el *Señor de los Anillos*, ideando un plan para rescatarlo de la Torre de los Orcos). Pedro está resuelto: pensará en alguna estrategia para rescatar a Jesús, porque ¡dio su palabra delante de todos que nunca abandonaría a su Señor! Pero una vez más, Pedro ha confiado en sí mismo, y ahí, en el patio del sumo sacerdote, mueren todas sus estrategias efímeras. Tres veces niega conocer a Jesús con juramentos y maldiciones que Jesús mismo oye:

> Mujer, no lo conozco (Lucas 22:57).

> Hombre, no lo soy (Lucas 22:58).

> Hombre, no sé lo que dices. Y en seguida, mientras [Pedro] todavía hablaba, el gallo cantó. Entonces, vuelto el Señor, miró a Pedro; y Pedro se acordó de la palabra del Señor, que le había dicho: Antes que el gallo cante, me negarás tres veces. Y Pedro, saliendo fuera, lloró amargamente (Lucas 22:60-62).

¿Creemos que nunca haríamos lo que hizo Pedro? ¿Estamos confiando en la paja de nuestro compromiso, nuestras buenas intenciones, nuestras armas y nuestras estrategias? En las palabras del autor Clarence Macartney, «las lágrimas de Pedro son las lágrimas de un hombre que despierta a la realidad cruel de que ha hecho lo que más aborrecía, y ha fallado en hacer lo que más quería».[8] «El que piensa estar firme, mire que no caiga» (1 Corintios 10:12).

¿Qué hay en una mirada?

¿Negó Pedro a Jesús tres veces por cobardía? No me satisface mucho esa respuesta, porque fue Pedro quien sacó su espada para pelear con los soldados romanos en el huerto, y fueron solo Pedro y Juan quienes siguieron a Jesús hasta el patio del sumo sacerdote. No era tanto la cobardía la que hizo que Pedro negara a Jesús tres veces, sino un cóctel de Satanás: veneno mezclado a la perfección con

---

8. Clarence Noble Macartney, *Peter and His Lord: Sermons on the life of Peter* (Nashville, TN: Cokesbury, 1937), 95.

ingredientes de fatiga, temor, congoja, confusión, debilidad, incredulidad, vanidad personal y, sobre todo, desilusión abrumadora.⁹ Sí, desilusión, porque estando Pedro en el patio del sumo sacerdote, se da cuenta de que nunca vendrá el reino de Jesús con el que soñaba. Jesús no hizo nada para defenderse en el huerto; ¡solo habló de beber la copa del Padre! (Juan 18:11). ¡Y ahora no hace nada para defenderse ante la interrogación del sumo sacerdote! No resiste las burlas y las bofetadas que le hacen (Lucas 22:63-65). Quizá habrá explotado en el corazón de Pedro un grito de desesperación: «Señor, ¡di algo! ¡Haz algo! ¿No harás *nada* para salvar tu reino como Mesías? ¿Me dejarás a mí —tu amigo querido— con las manos vacías después de todo lo que he hecho para amarte, seguirte, servirte y defenderte del peligro?».

> *En el zarandeo, Jesús expone la pobreza del amor que le hemos prometido y lo redime con la fuerza de su propio amor inigualable.*

Pedro niega conocer a *ese* Jesús y, al canto del gallo, «el Señor se volvió y miró directamente a Pedro» (Lucas 22:61, NVI). ¿Qué clase de mirada era? La frase «miró directamente» traduce una palabra en griego que significa «mirar con intensidad, interés, amor o atención».¹⁰ Aún más, es la misma palabra que se traduce «mirándolo fijamente» en Juan 1:42, en esa primera ocasión cuando Jesús declara: «Tú eres Simón, tú *serás llamado* Pedro». ¿No habría en la mirada de Jesús la promesa que su palabra a Pedro nunca fallará?

---

9. Michael Card cree que la desilusión de Pedro por la falta de resistencia de parte de Jesús fue el factor principal que lo llevó a negarlo. Véase *A Fragile Stone: The Emotional Life of Simon Peter* (Downers Grove: IL, InterVarsity, 2001), 109-110. Estoy de acuerdo con Card.

10. La palabra *emblepó* (ἐμβλέπω) se usa doce veces en el Nuevo Testamento y se refiere a una mirada sostenida de atención. Véase Verbrugge, *New International Dictionary of New Testament Theology*, 96.

- Sí, Pedro, tú serás un pescador de hombres.
- Sí, Pedro, tú serás el que anuncia el evangelio «petra» con que edificaré a mi iglesia.
- Sí, Pedro, tú serás —cuando hayas vuelto— el que fortalezca a tus hermanos.
- Sí, Pedro, tú serás el que apaciente mis corderos.
- Sí, tú serás «Pedro», el hombre de piedra, porque *Yo soy* Jesús, el Hijo del Dios viviente.

¿Te identificas con la mirada de Jesús a Pedro? En el zarandeo, Jesús expone la pobreza del amor que le hemos prometido y lo redime con la fuerza de su propio amor inigualable. Pedro creía que era capaz de morir por Jesús, pero lo que descubre es que Jesús el Cordero de Dios tiene que morir por él (Juan 1:29; 1 Pedro 2:22-25).

La reconstrucción del hombre de piedra

Con su corazón cargado de vergüenza, Pedro no se imagina que pronto volverá a ver la cara de su amado Jesús; y ¡será la cara del Jesús resucitado! El mismo día que resucitó, el Señor Jesús propicia un encuentro privado con Pedro, tan sagrado que las páginas de las Escrituras no revelan ningún detalle de él.[11] Sabemos solo que cuando los dos discípulos que iban a Emaús regresan corriendo a Jerusalén con noticias de su encuentro con Jesús, los discípulos les anuncian que: «¡El Señor ha resucitado de verdad! ¡Se le apareció a Pedro!» (Lucas 24:33-34, NTV). El apóstol Pablo —escribiendo antes del Evangelio

---

11. Helyer, *The Life and Witness of Peter*, 62-63. La secuencia de eventos parece ser la siguiente: (1) el ángel joven en el sepulcro les anuncia a las mujeres que Jesús ha resucitado, y les manda que «vayan a decirles a los discípulos *y a Pedro*: 'Él va delante de ustedes a Galilea. Allí lo verán, tal como les dijo'» (Marcos 16:7, NVI); (2) al recibir esta información de María Magdalena, Pedro y Juan corren a la tumba de Jesús para investigar las evidencias; (3) Juan cree, pero Pedro vuelve a casa «maravillándose de lo que había sucedido» porque «hasta entonces no habían entendido la Escritura, que dice que Jesús tenía que resucitar» (Lucas 24:12; Juan 20:9, NVI); (4) en el transcurso del día, Jesús se le aparece a Pedro porque, esa misma noche, los dos discípulos que iban a Emaús ya saben el hecho.

de Lucas— testifica que Jesús «apareció a *Cefas* [Pedro] *y después* a los doce» (1 Corintios 15:5).

¿Qué le habrá dicho Jesús a Pedro y Pedro a Jesús? ¿Habrá caído Pedro a los pies del Señor, confesando que no era «Pedro», el hombre de piedra en quien Jesús había creído, y que nunca sería capaz de fortalecer a sus hermanos? Tal vez. Lo cierto es que ahora Jesús, el Resucitado, le revela a Pedro, el fracasado, la misma verdad que tú y yo también tenemos que aprender:

> Cuando desfallezca tu amor por Jesús en el zarandeo, conocerás la fuerza del amor de Jesús por ti.

A fin de cuentas, ¡es Satanás quien queda zarandeado por el amor restaurador del Jesús resucitado!

En los días trastornados después de la resurrección de Jesús, Pedro *fortalece* a sus hermanos. Es Pedro quien le da liderazgo pastoral al pequeño bando de 120 discípulos que formará el núcleo de la iglesia naciente (Hechos 1:15-22). Es Pedro quien fortalece la fe de todos los discípulos en el día de Pentecostés, cuando predica con denuedo que Jesús es «Señor y Cristo» (Hechos 2:36). Es Pedro quien fortalece la fe de sus hermanos una y otra vez por medio de su propio ejemplo de sufrir gozosamente amenazas, castigos y prisiones por la causa de Cristo (Hechos 4:1-3, 18; 5:40-42, 12:1-17). Es Pedro quien sigue fortaleciendo la fe de sus hermanos hasta los últimos días de su ministerio —¡y fortalece la nuestra también!— al recordarnos: «Mas el Dios de toda gracia, que nos llamó *a su gloria eterna en Jesucristo*, después que hayáis padecido un poco de tiempo, él mismo os perfeccione, afirme, fortalezca y establezca» (1 Pedro 5:10).[12]

---

12. La palabra traducida «fortalece» en Lucas 22:32 (NVI) es *stérizó* (στηρίζω), la cual se refiere a la acción de fijar o hacer seguro algo que está por caer o desplomarse. Es el mismo verbo que la RVR-60 traduce «afirme» en 1 Pedro 5:10). La Nueva Versión Internacional traduce *stérizó* en 1 Pedro 5:10 como «los hará *fuertes*», o sea, capaces de resistir sin caer.

¿Y en nuestro zarandeo?

¿Estás siendo zarandeado por el enemigo? ¿Crees que, en el zarandeo, podrías conocer como nunca antes el amor de Jesús? Una mañana en medio de mi zarandeo, salí temprano de nuestra casa para caminar y orar. En la quietud que ofrecía la oscuridad, el Señor Jesús me encontró. No lo encontré a Él; Él me encontró a mí. No sé cómo describirlo y no tengo ningún deseo de exagerar la experiencia. Solo puedo testificar que Cristo me quitó la carga de vergüenza que llevaba en mi corazón. Siento que me «miró». Me hizo conocer la fuerza de su amor por mí en la pobreza de mi amor por Él. Me hizo saber que todavía tenía planes para mi vida y que yo conocería de nuevo la alegría de servirle. Me llenó de su paz.

> *Lo que cambiará tu vida no es tu creencia intelectual en la resurrección de Cristo, sino tu vivencia de amor con el Cristo resucitado.*

Algunos que leen estas líneas podrán identificarse con esta experiencia, y otros tal vez no tanto. No importa. El Señor Jesús elegirá su momento para encontrarse contigo en medio de tu zarandeo. Quizá conocerás la presencia de Jesús contigo a las dos de la madrugada, cuando no sabes dónde está tu hija adolescente. O quizá en medio de tu agotamiento matrimonial, conocerás de nuevo cuán ancho y largo, alto y profundo es el amor de Jesús para ti. O quizá, al tomar los elementos de la cena del Señor, conocerás el perdón de Cristo como nunca antes y Él te liberará de la vergüenza de tu peor fracaso. Suceda como suceda, el Cristo resucitado sabe cómo convertir tu zarandeo en un encuentro restaurador con Él por el poder del Espíritu Santo. Pondrás a un lado la vida que querías llevar para Jesús, para abrazar la vida que Jesús quiere formar en ti. Y así fortalecerás a tus hermanos.

Conclusión

Todos los corredores que compiten en las maratones temen el fenómeno: «Chocar contra la pared». Según los expertos en las maratones, la experiencia de «chocar contra la pared» (o «estrellarse») sucede entre los kilómetros 30 y 35, y toma la forma de un agotamiento desgarrador que deja al corredor sin ganas de terminar la carrera.[13] Chocar contra la pared no es el producto de la fatiga acumulada durante la maratón, sino que resulta del agotamiento de las reservas de glucógeno en el organismo del corredor. Ante la falta de glucógeno, el cuerpo del corredor acude a sus reservas de grasa, pero la grasa no es capaz de generar la energía que el corredor necesita para terminar bien la carrera. Un corredor experimentado compara la dependencia de la grasa con cargar mantequilla en lugar de plutonio para hacer correr el famoso auto DeLorean de la película *Volver al futuro*.[14] ¡El resultado es desastroso!

De la experiencia de Pedro, aprendemos que chocaremos contra la pared en el zarandeo cuando «se nos hacen grasa» las fuerzas espirituales en las que siempre hemos confiado. En el momento en el que más necesitamos el plutonio para seguir corriendo, encontramos solo mantequilla en nuestro tanque. Los corredores de maratones saben que necesitarán un «cambio de combustible» y se preparan consumiendo bebidas y alimentos altos en carbohidratos antes y durante la maratón para reponer el glucógeno.

Si sueñas con seguir y servir a Jesús como «discípulo de piedra», llegará el momento cuando necesites un «cambio de combustible». Se agotará el combustible en el que siempre has confiado. Sin embargo, no temas el cambio de combustible, porque así forma Jesús a sus discípulos: no en una burbuja cristiana, sino en medio del zarandeo,

---

13. Revista digital *Vitónica*, en línea: https://www.vitonica.com/carrera/el-muro-en-la-maraton-como-podemos-derribarlo.
14. Tom DiChiara, «El momento en que los corredores se enfrentan a "la pared"», en línea: https://expansion.mx/salud/2014/04/19/el-momento-en-que-los-corredores-se-enfrentan-a-la-pared (abril de 2014).

donde resplandecerá la fuerza inagotable de *su* amor. Lo que cambiará tu vida no es tu creencia intelectual en la resurrección de Cristo, sino tu vivencia de amor con el Cristo resucitado, quien se acercará a ti en tu zarandeo. Él mismo será tu cambio de combustible. Así fortalecerás a tus hermanos.

Guía de estudio

Capítulo 7: Zarandeado

Resumen del capítulo

Jesucristo permite que Satanás nos zarandee para que pongamos nuestra mirada en su amor restaurador por nosotros y no en la fuerza de nuestro amor por Él.

Para comenzar

Piensa en cómo el autor describe el zarandeo del enemigo ¿Has atravesado una experiencia de zarandeo en algún momento? ¿Estás pasando ahora por una experiencia de zarandeo? ¿Cuáles son algunos calificativos que usarías para describir tu experiencia?

Preguntas para contestar

1. Lee Lucas 22:31. ¿Cuál es el objetivo de Satanás en zarandearte? ¿Cuál es el objetivo de Jesús?
2. Explica algunas características del zarandeo y por qué va más allá de solo sufrir «penas y pruebas».
3. ¿Qué está haciendo Jesús en medio de tu zarandeo? A la luz del ejemplo de Pedro, ¿por cuáles cosas está orando Jesús por ti?
4. Repasa los cuatro eslabones en la cadena de «altivez de espíritu». ¿Cuál es la relación entre los cuatro eslabones? ¿Hay un descuido o «altivez de espíritu» en tu vida con Cristo en alguna área? ¿Cuál es?
5. Pedro hizo lo que le había dicho al Señor (con toda sinceridad) que nunca haría. ¿Qué sucedió en su vida y qué aprendes de su fracaso?
6. El autor cree que la negación de Pedro era producto de la desilusión, más que de la cobardía. ¿Estás de acuerdo? ¿De qué manera se relacionan las dos cosas?

7. Cuando Jesús miró a Pedro, ¿qué clase de mirada era? ¿Solo de disgusto? ¿Había algo más en su mirada? ¿Cómo crees que Jesús te mira a ti en medio de tus fracasos?
8. El Señor Jesús perdona a Pedro y lo restaura. ¿Cómo es posible que Pedro —después de haberle fallado al Señor Jesús— esté preparado para «fortalecer a sus hermanos»?
9. El autor habla de nuestra necesidad de un «cambio de combustible». ¿Por qué necesitamos todos un cambio de combustible y en qué consiste?

Para orar

- ¿Cuál consideras es la aplicación principal para ti en este capítulo? Ora que Dios te ayude a ponerla en práctica en medio de tu zarandeo.
- Pídele al Señor que ponga en tu mente los nombres y rostros de otros creyentes que están pasando por el zarandeo. Intercede por ellos según lo que has aprendido de la vida de Pedro.

Para meditar durante la semana

En esta semana, lee detenidamente Lucas 22.24-71. Haz una lista de las diferencias que observas entre las actitudes y las acciones de los discípulos, y la forma en que Jesús enfrenta su propio «zarandeo». ¿Qué aprendes de la comparación?

En la senda del liderazgo espiritual hay una cruz, y el líder debe llevarla… Si no hay cruz, no hay liderazgo.

J. Oswald Sanders[1]

Y ante todo, tened entre vosotros ferviente amor; porque el amor cubrirá multitud de pecados.

1 Pedro 4:8

---

1. J. Oswald Sanders, *Liderazgo espiritual*, trad. Dante N. Russo (Grand Rapids, MI: Portavoz, 1995), 120.

Consagrado

Principio de Pedro #8:
Si no sigues a Jesús, será imposible amar como Jesús.

Es un axioma espiritual que llegaremos a ser conformados a la imagen de lo que más amamos, no a la imagen de lo que más creemos. Por ende, Jesús declara que el primer mandamiento de todos es: «Y amarás al Señor tu Dios con todo tu corazón, y con toda tu alma, y con toda tu mente y con todas tus fuerzas» (Marcos 12:30). Por eso, el nuevo mandamiento de Jesús es: «Que os améis unos a otros; como yo os he amado» (Juan 13:34). Y, por ende, Jesucristo tiene que ser nuestro maestro de «amores». Explica el teólogo-filósofo James K. A. Smith:

> Jesús es un maestro que no solo informa nuestro intelecto, sino uno que forma nuestros amores. Él no se conforma con depositar ideas nuevas en tu mente; Él busca nada menos que tus deseos, tus amores, tus anhelos… Seguir a Jesús es hacernos estudiantes del Rabí que nos enseña a amar.[2]

Si sigues a Jesucristo como discípulo, Él cambiará lo que más amas. En calidad de tu Maestro de amores, cambiará tus deseos, tus anhelos y tus afectos más enraizados. ¿Por qué? Responde Nicolás Tranchini

---

2. James K. A. Smith, *You Are What You Love: The Spiritual Power of Habit* (Grand Rapids, MI: Brazos, 2016), 2.

en su libro *Cambios profundos*: «Cuando amo lo que debo amar, hago lo que debo hacer».[3]

En la conclusión de su Evangelio, el apóstol Juan nos presenta el último encuentro terrenal entre Pedro y su amado Señor Jesús. Será una lección inolvidable para Pedro, una clase magistral impartida por el Maestro de amores.

Llegaremos a ser conformados a la imagen de lo que más amamos, no a la imagen de lo que más creemos.

¿Me amas, Simón?

Después de esto, Jesús se manifestó otra vez a sus discípulos junto al mar de Tiberias; y se manifestó de esta manera… Simón Pedro les dijo: Voy a pescar. Ellos le dijeron: Vamos nosotros también contigo. Fueron y entraron en una barca; y aquella noche no pescaron nada (Juan 21:1, 3).

El Señor resucitado se manifiesta a sus discípulos por tercera vez en la orilla del mar de Galilea y los dirige en una segunda pesca milagrosa (Juan 21:5-14).[4]

Él les dijo: Echad la red a la derecha de la barca, y hallaréis. Entonces la echaron, y ya no la podían sacar, por la gran cantidad de peces (Juan 21:6).

La pesca es de ciento cincuenta y tres peces grandes, y es un anticipo de la pesca milagrosa de «hombres», que los discípulos realizarán

---

3. Nicolás Emilio Tranchini, *Cambios profundos: cuando el evangelio transforma los deseos del corazón* (Barcelona: CLIE, 2019), 225.

4. Los discípulos que fueron a pescar con Pedro son Tomás, Natanael, Jacobo, Juan y dos discípulos más cuyos nombres Juan no menciona. Pasajes como este evidencian que fueron escritos por un testigo ocular del hecho. Si algún escritor anónimo hubiera escrito estas palabras tiempo después —como aseveran algunos que cuestionan la autoría de Juan—, les habría asignado nombres a los otros dos discípulos.

en el día de Pentecostés. Así, Jesús les recuerda a sus discípulos dos verdades fundamentales: (1) todavía son pescadores de hombres, y (2) todavía tienen que depender de Jesús para dirigirlos en la pesca. Los discípulos arrastran la red llena de peces a la playa, donde el Señor los recibe con un desayuno de panes y peces preparado sobre las brasas. ¡Otra vez se multiplican los panes y peces en las manos del Señor! ¡Otra vez Jesús les da a sus discípulos un recordatorio visible de que no hay nada imposible para Él!

Terminado el desayuno, Jesús se dirige a Pedro usando su nombre completo «Simón, hijo de Jonás, ¿me amas más que *estos*?» (Juan 21:15).[5] La pregunta de Jesús le recuerda a Pedro la promesa del amor invencible que hizo la noche antes de la crucifixión de Jesús: «Señor, aunque *estos* [los otros discípulos] te abandonen, yo pondré mi vida por ti» (Mateo 26:33; Juan 13:37).[6] Pero ahora Pedro no se jacta de amar a Jesús más que los demás discípulos. Solo le ofrece lo único que posee —su amor auténtico por Jesús—, por débil y falible que sea: «Sí, Señor; tú sabes que te amo».[7] Dos veces más Jesús pregunta:

---

5. Es la tercera vez que Jesús usa el nombre completo de Pedro. En la primera ocasión, le dio a Pedro un anticipo de su destino como su discípulo: «Tú eres *Simón, hijo de Jonás*, tú serás llamado 'hombre de piedra'» (véase Juan 1:42). La segunda vez sucedió en Cesarea de Filipo, después del testimonio que dio Pedro: «Tú eres el Cristo, el Hijo del Dios viviente». Jesús le declaró: «Bienaventurado eres *Simón, hijo de Jonás*, porque no te lo reveló carne ni sangre, sino mi Padre que está en los cielos» (Mateo 16:16-18). Aquí en la playa del mar de Tiberias, Jesús repite el nombre «Simón, hijo de Jonás» *tres veces* (Juan 21:15-17), resaltando la importancia del tema del amor por los corderos de Jesús.

6. Creo que la mejor interpretación de «estos» es una referencia a los otros discípulos y a lo sucedido la noche que Jesús fue entregado. Es posible que «estos» se refiera a las redes y otro equipo de pesca desplegados en la playa. En tal caso, la pregunta de Jesús sería: «Pedro, ¿me amas más que a la pesca?». Véase Morris, *Reflections on the Gospel of John*, vol. 4, 734-736.

7. Al observar que Jesús emplea la palabra *agapao* en los versículos 15 y 16 y que Pedro le responde con el verbo *phileo* en los versículos 15, 16, y 17, algunos comentaristas han intentado distinguir entre las dos clases de amor, donde el amor de Pedro hacia Jesús es un amor menos abnegado. Sin embargo, es preferible no hacer tal distinción, ya que el apóstol Juan usa las palabras *agapao* y *phileo* de manera intercambiable. Algunos ejemplos del uso sinónimo de parte de Juan se encuentran en: (1) Juan 14:21 (será amado [*agapao*]) por mi Padre) y

«Simón, hijo de Jonás, ¿me amas?» (Juan 21:15-17). Dos veces más Pedro responde que sí, agregando la tercera vez: «Señor, tú lo sabes todo; tú sabes que te amo» (Juan 21:17).

No creo que Jesús desee humillar a Pedro delante de los demás. Al contrario, repite la pregunta para demostrar delante de todos que el amor auténtico por Él es el requisito primordial para servirle. Cada vez que Pedro profesa: «Señor, tú sabes que te amo», Jesús dirige el amor de Pedro por Él hacia los que Jesús ama. «Simón, si me amas *a mí*» —declara Jesús—, entonces:

- «apacienta *mis* corderos» (v. 15);
- «pastorea *mis* ovejas» (v. 16);
- «apacienta *mis* ovejas» (v. 17).

En otras palabras, Jesús dice: «Simón, si me amas a mí *más* que "estos", entonces vive como el discípulo que *más* ama a mis corderos, como yo los amo. Aliméntalos, consuélalos, cuídalos, protégelos, guíalos, enséñales, sírveles y ¡pon tu vida por ellos! ¡Por amor *a mí*!».

No encuentro palabras más desafiantes en el Nuevo Testamento. El Señor Jesús no le pregunta a Pedro: «Pedro, ¿te apasiona apacentar mis corderos: corderos confundidos, complicados, malagradecidos, enfadados, vengativos, errantes y tóxicos?». No, la pregunta de Jesús es otra: «Simón, hijo de Jonás, ¿*me amas*?». El Señor Jesús nos hace a nosotros la misma pregunta como nuestro Maestro de amores. Sin importar el ministerio particular que tengas, Jesús te llama a compartir

---

Juan 16:27 (el Padre mismo os ama [*phileo*]), (2) Juan 3:35 (el Padre ama al Hijo [*agapao*]) y Juan 5:20 (el Padre ama al Hijo [*phileo*]), y (3) Juan 11:3 (el que amas [*phileo*] está enfermo) y Juan 11:5 (Amaba [*agapao*] Jesús a Marta, a su hermana y a Lázaro). Para un análisis extensivo, véase Morris, *Reflections on the Gospel of John*, vol. 4, 736-739 y *NET Bible, Full Notes Edition* (Thomas Nelson, 2019), 2069. Se debe notar también que el Señor Jesús usó la palabra *phileo* en el v. 17. ¿Se habrá resignado Jesús a un nivel inferior de amor para corresponder al amor menor de Pedro? La respuesta tiene que ser un «no» contundente. Mi opinión es que Pedro le respondía a Jesús con *phileo* para expresarle su afecto cariñoso, además del compromiso de *agapao*, o sea, para expresarle a Jesús más amor, no menos.

con otros el amor *de Él*, por amor *a Él*. ¿Por qué? Porque el amor de Jesús que compartes con otros —por amor a Jesús— es la característica que más te identifica como un discípulo verdadero. El amor es el primer fruto del Espíritu (Gálatas 5:22), es el vínculo perfecto de unidad en la iglesia (Colosenses 3:14), es el cumplimiento de la ley de Dios (Romanos 13:10), es superior a cualquier don espiritual (1 Corintios 13:1-8), es la virtud cristiana culminante (2 Pedro 1:7) y, sobre todo, es el nuevo mandamiento de Jesús (Juan 13:34; 15:12, 17).

> *Jesús te llama a compartir con otros el amor de Él, por amor a Él.*

¿Una misión imposible?

¿Te parece imposible amar a los demás con el amor de Jesús por amor a Jesús? ¿Te parece una meta inalcanzable? ¿Un reto irrealista? ¿Una tarea frustrante o arriesgada? Permíteme compartir tres verdades para ayudarnos a responder a estas inquietudes.

1. Jesús sabe que tu amor por Él es y siempre será imperfecto

Todos los días estamos conscientes de cuán imperfecto es nuestro amor por Jesús, ¡y Él lo sabe mejor que nosotros! Como Pedro, le podemos decir a Jesús: «Señor, tú lo sabes *todo*» (Juan 21:17). «Sabes de mi debilidad, de mi pereza, de mi cobardía, de mis temores, de mi lujuria, de mi vanagloria y de muchas cosas más. ¡Tú sabes cuán inmaduro es mi amor! Pero sabes también, Señor, que te amo con todo mi corazón. ¡De veras, Señor!».

2. Jesús valora tu amor por Él

Jesús valora tu amor auténtico por Él, aunque sea inmaduro, débil e inconstante ¡como el mío! El orfebre no desprecia el oro por razón de las impurezas que observa en él. Al contrario, el orfebre lo valora inmensamente, y lo acrisola con el fin de usarlo para embellecer sus obras de artesanía. Jesús sabe cómo acrisolar el oro de tu amor por

Él, para purificarlo y moldearlo en el amor genuino por sus corderos. Tomemos nota de que Jesús no pide de Pedro que genere en sí mismo un amor heroico por los demás. Jesús tampoco pide de nosotros un amor heroico, porque la gente a nuestro alrededor no necesita esa clase de amor, sino nuestro amor auténtico, que brota de nuestro amor por Jesús. Por eso, Jesús nos pregunta *primero*: «¿Me amas?».

3. Jesús siempre te lleva hacia el amor maduro por los demás

No debemos pensar que el amor auténtico por Jesús es sinónimo del amor maduro para con los demás. Sentado en la playa, contemplando de nuevo las cicatrices que desfiguran las manos y los pies de Jesús, Pedro reconoce que no sabe cómo amar como Jesús ama. Aun el mejor amor de Pedro está salpicado de ambiciones personales y egocéntricas. ¿De dónde vendrá el amor maduro que Pedro necesitará para apacentar los corderos de Jesús? ¿Y de dónde vendrá el amor maduro que tú y yo necesitamos para amar a los demás con el amor de Jesús (Juan 13:35; 1 Juan 3:23)? Él nos da la respuesta: el amor maduro viene únicamente como el resultado de seguir a Cristo como nuestro Maestro de amores.

¡Sígueme! Y te enseñaré el amor que se entrega por otros

En algún momento de aquella mañana, Jesús invita a Pedro a caminar juntos por la playa para hablar de cómo apacentar sus corderos. Con su franqueza característica, Jesús le revela a Pedro el precio del amor que Pedro pagará:

> De cierto, de cierto, te digo: Cuando eras más joven, te ceñías, e ibas a donde querías; mas cuando ya seas viejo, extenderás tus manos, y te ceñirá otro, y te llevará a donde no quieras. Esto dijo, dando a entender con qué muerte había de glorificar a Dios. Y dicho esto añadió: Sígueme (Juan 21:18-19).

Con las frases «extenderás tus manos» y «te ceñirá otro», Jesús hace alusión a la muerte de crucifixión que Pedro sufrirá durante las feroces persecuciones del emperador Nerón (64-68 d.C.).[8] Sin embargo, la muerte con que Pedro «glorificó a Dios» no se manifestó solamente en su martirio en la cruz, sino más bien en la muerte a sí mismo que practicó día tras día durante unos treinta años, mientras se entregaba en amor por los corderos de Jesús. De hecho, algunos creen que Pedro fue capturado en Roma porque regresó a la ciudad (posiblemente a petición del apóstol Pablo) para pastorear a los creyentes perseguidos.[9] Entonces, la crucifixión de Pedro fue el último pago en un «plan de pagos», según el cual entregaba lo mejor de sí mismo para amar a los corderos de Jesús, por amor a Jesús.[10]

¿Nos entregamos por los demás por amor a Jesús o esperamos que los demás se entreguen por nosotros? El autor Paul Tripp observa:

> Puesto que el pecado es antisocial tiende a deshumanizar a las personas en nuestras vidas. Ellas dejan de ser el objeto de nuestro afecto voluntario, la gente a quien gozosamente amamos; en lugar de eso se convierten en una de dos cosas: o *vehículos* que nos ayudan a conseguir lo que queremos u *obstáculos* en el camino hacia lo que queremos.[11]

Tratar a los demás como *vehículos* u *obstáculos* pone en evidencia que no hemos aprendido de Jesús cómo amar como Él ama. Demasiadas veces digo que estoy dispuesto a entregarme por los demás por amor

---

8. Morris, *Reflections on the Gospel of John,* vol. 4, 741-742. Algunos creen que Pedro fue crucificado con la cabeza hacia abajo, pero no hay evidencia cierta de eso. La imagen de Pedro crucificado con la cabeza hacia abajo recibió bastante impulso popular por el libro apócrifo *Los Hechos de Pedro*, los escritos de Orígenes y Eusebio, y las obras de arte como *La Crucifixión de San Pedro* pintada por Caravaggio en 1601 y exhibida en la Capilla de Cerasi en Roma.

9. Helyer, *The Life and Witness of Peter*, 272-278 y Card, *A Fragile Stone*, 183.

10. El autor está en deuda con J. Oswald Sanders por la figura de un «plan de pagos» en Sanders, *Liderazgo espiritual*, 119.

11. Paul David Tripp, *¿Qué estabas esperando? Redimiendo las realidades del matrimonio* (Graham, NC: Faro de Gracia, 2019), 34 (énfasis original).

a Jesús, pero descubro en mi corazón la presencia de unos «con tal que», es decir, sí, amaré como Jesús «con tal que» yo retenga *control* sobre a *quién* amar y *cuánto* amarlo. ¿Vives un «con tal que» en tu corazón que limite o haga condicional tu amor? Un «con tal que» que diga: «Lo amaré a él *con tal que* haga lo que le pido»; «La amaré a ella *con tal que* apoye mi propuesta para el ministerio femenino»; «Los amaré a ellos *con tal que* me agradezcan el servicio que les presto o que satisfagan mis expectativas de amistad, o *con tal que* no sean gay o trans, o no tengan pelo largo o una tez demasiado morena».

Siempre habrá oportunidades

En el año 250 d.C., brotó una pandemia devastadora en el Imperio romano que duró unos veinte años y resultó en la muerte del 20% de la población.[12] Los horrendos síntomas de la peste incluían fiebre, náuseas, vómitos, diarrea, parálisis parcial en las extremidades y hemorragia ocular. En Roma, donde morían unas cinco mil personas por día durante el apogeo de la crisis, los ciudadanos abandonaban a los enfermos, echándolos a las calles, donde fallecían y nadie enterraba sus cuerpos.

En medio de la pandemia, el obispo Cipriano[13] animó a los creyentes a amarlos a todos con el amor de Cristo:

> No hay nada maravilloso en cuidar a los nuestros con las finas atenciones del amor. Nos volvemos perfectos [maduros] solo haciendo más que el publicano o el pagano, venciendo con el bien el mal y practicando aquella caridad que, igual a la Divina, ama hasta a los enemigos.[14]

---

12. World History Encyclopedia, «Plague of Cyprian», en línea: https://www.worldhistory.org/article/992/plague-of-cyprian-250-270-ce/. Gerald L. Sittser, *Resilient Faith: How the early Christian "third way" changed the world* (Grand Rapids, MI: Brazos, 2019), 146-149.
13. Cipriano sirvió como obispo de Cartago (Túnez) durante los primeros años de la pandemia y llegó a ser el primer obispo mártir de África, tras ser decapitado en 258 d.C. bajo la persecución del emperador Valeriano.
14. Sittser, *Resilient Faith*, 148.

No hubo ningún «con tal que» en el corazón de los creyentes de Roma. Amaban a muchos otros con el amor de Jesús, sin importar que fuesen paganos o cristianos. Bañaban a los enfermos y les cambiaban la ropa de cama. Les daban de comer y oraban por ellos. Permanecían a su lado hasta que se recuperaran o murieran y, en este último caso, lavaban el cuerpo del difunto y lo envolvían en ropa limpia para enterrarlo con dignidad. Sobre todo, les compartían las buenas nuevas de la vida eterna en Cristo.[15]

Tampoco hubo un «con tal que» en el corazón de Pedro. «Extendió sus manos» con el amor de Cristo para cuidar y amar a muchos corderos de Jesús de otros lugares y de otros «colores». En el día de Pentecostés, Pedro descubre que los corderos de Jesús incluyen a muchos que antes demandaban su crucifixión (Hechos 2:36-39; 3:14-21). Después descubre entre los despreciados samaritanos a muchos corderos de Jesús que necesitaban ser amados y apacentados (Hechos 8:14-17). Más adelante, bajo la dirección del Espíritu Santo, Pedro descubre que los corderos de Jesús abarcan hasta los gentiles inmundos y los opresores romanos, ¡quienes reciben en la presencia de Pedro el mismo don del Espíritu Santo que él había recibido con los otros apóstoles (Hechos 10:34-48; 11:17-18)!

En todo y con todos, Pedro va aprendiendo que el amor maduro se entrega por los demás, por amor a Jesús. Raras veces el amor consiste en sacrificios heroicos. Más bien consiste en vestirnos cada día de Cristo: de entrañable misericordia, benignidad, humildad, mansedumbre, paciencia y perdón (Colosenses 3:12-14). Consiste en

---

15. Unos cien años después de la pandemia, el emperador romano Juliano se quejó de la influencia poderosa del amor sacrificial de los seguidores de Cristo, observando que «los galileos apoyan no solamente a sus propios necesitados, sino a los nuestros también, de modo que todos saben que nuestra gente no recibe apoyo de nosotros». Así el amor de los cristianos dejó sin mucho efecto el intento de Juliano por reavivar la adoración de los dioses romanos. Rodney Stark, *Cities of God: the real story of how Christianity became an urban movement and conquered Rome* (San Francisco, CA: Harper, 2006), 31.

«extender nuestras manos en el nombre de Jesús» para que sean crucificados los «con tal que» de nuestro corazón.

¡Sígueme! Y te enseñaré el amor que se rinde a mí

Como Maestro de amores, el Señor Jesús cambiará no solamente la forma en que amas a los demás, sino también tu amor más tenaz: el amor a tu propia voluntad. Pedro ama al Señor Jesús, pero sigue amando a su propia voluntad.

> Volviéndose Pedro, vio que les seguía el discípulo a quien amaba Jesús, el mismo que en la cena se había recostado al lado de él, y le había dicho: Señor, ¿quién es el que te ha de entregar? Cuando Pedro le vio, dijo a Jesús: Señor, ¿y qué de este? (Juan 21:20-21).

Juan es el discípulo que seguía a Jesús y a Pedro, y Pedro quiere saber si Jesús va a pedir de él los mismos sacrificios que pide de Pedro: «Señor, ¿qué de este?». Igual que a Pedro, puede surgir un «¿qué de este?» en nuestro corazón. Caemos en envidias, hacemos comparaciones y nos quejamos con el Señor: «Señor, ¿por qué pides *de mí* más sacrificios de lo que pides de otros? ¿Por qué me das a mí *menos* bendición si yo te doy a ti *más* consagración?».

Por debajo de nuestras protestas, sigue vivo el amor propio que se aferra tenazmente a nuestra voluntad. Pedro está dispuesto a hacer sacrificios por apacentar los corderos de Jesús, pero su «¿qué de este?» pone al descubierto el mismo amor a su propia voluntad que siempre lo ha caracterizado.

- «No, Señor, ¡en ninguna manera esto te acontezca!» (Mateo 16:22).
- «No, Señor, no me lavarás los pies jamás» (Juan 13:8).
- «No te dejaré, Señor, mi vida pondré por ti» (Juan 13:37).
- «Señor, ¿heriremos a espada?». ¡Esa copa no es para ti! (Lucas 22:49).

La respuesta de Jesús al «¿qué de este» de Pedro consiste en solo cinco palabras: «¿Qué a ti? Sígueme tú» (Juan 21:22).

Yo necesito oír las mismas cinco palabras de Jesús «¿Qué a ti? Sígueme tú». El amor a mi propia voluntad sale cada vez que pienso: *Señor, yo tengo un buen plan para ser tu discípulo*. Unos años atrás, después de haber meditado en este pasaje, comencé a orar: «Señor, cuando veas en mí el amor a mi propia voluntad, ¡rómpelo!». ¡Es peligroso orar así, porque Dios contesta tales oraciones! Lo hizo y ¡dolió! Ahora tengo una tarjetita pegada al archivero cerca de mi escritorio con las palabras: «¿Qué a ti? ¡Sígueme tú!». La tengo ahí, porque sigo necesitado de estas cinco palabras.

Jesús llama a Pedro al amor que se rinde a la voluntad de Jesús, porque Jesús sabe que Pedro *nunca* llegará a ser el hombre de piedra si sigue con la mirada puesta en Juan. Jesús ya ve en Pedro las características del liderazgo pastoral que la iglesia naciente necesitará para sobrevivir. Solo que Pedro no las ve.

> *Jesús ve en ti un potencial para servirle, que todavía no ves.*

Es igual contigo. Jesús ve en ti un potencial para servirle, que todavía no ves. Jesús ya sabe cómo multiplicar los frutos de tu vida, según tu personalidad, tus dones, tus pasiones, tu trabajo y tus circunstancias. Pero nunca llevarás ese fruto si andas con la mirada puesta en Juan. Comenta el pastor Fabio Rossi:

> No te compares con otros discípulos. Permite que Dios obre su perfecta voluntad en tu vida. Deja que te restaure y te use como Él quiera, en el contexto que Él quiera, desde el lugar que Él quiera, según la medida de su poder y gracia restauradora.[16]

---

16. Fabio Rossi, «Cristianos fracasados y restaurados», Coalición por el Evangelio (9 de abril de 2021), en línea: https://www.coalicionporelevangelio.org/articulo/cristianos-fracasados-restaurados/.

¿Es tu amor por Jesús un amor que se rinde a su voluntad? ¿O amarás más el buen plan que *tú* tienes para ser su discípulo?

Conclusión

¿Te asusta responder con un sí al «¡sígueme!» de Jesús? Toma nota de que el «¡sígueme!» de Jesús encierra una promesa de proporciones gigantescas. Cuando Jesús te llama a seguirlo, te está prometiendo que irá delante de ti. No puede existir tu «seguir» a Jesús, si Él no va delante de ti con su «dirigir». O sea, tu «seguir» siempre será una respuesta al «dirigir» de tu Salvador, que va por delante para guiarte, fortalecerte, consolarte, sostenerte y llevarte en sus brazos de amor cuando ya no puedes más.

Ahí en la playa del mar de Tiberias, no es la primera vez que Pedro oye el «sígueme» de Jesús. Pero esta vez es diferente, porque oye el «sígueme» de los labios del Jesús *resucitado*. Las cicatrices en las manos y los pies de Jesús testifican: «Pedro, puedes seguirme a cualquier lugar recordando que voy delante de ti como el que sufrió el dolor de la cruz por ti y resucitó en triunfo sobre la muerte. Pon tu mirada en mí como la promesa inquebrantable de que tu *seguir* será victorioso en mi *dirigir*».

¿Es tu amor por Jesús un amor que se rinde para seguirlo? En cierto momento de nuestro ministerio como pareja, nos tocó atravesar unas pruebas que nos dejaron desilusionados y desorientados. Mi esposa Jenny me animó con una notita que decía en parte:

> En nuestro caminar como pareja, Dios me inspira cada vez más a seguirlo contigo. Le quiero entregar mi vida como un papel en blanco para que lo firme con sus propósitos. Quiero renunciar a mi deseo por el control para descansar solo en su voluntad y amor. ¡Sigamos confiando juntos en Él!

A fin de cuentas, hay solo dos opciones: o sigues a Cristo o sigues lo que *no* es Cristo, es decir, sigues la aprobación de los demás, la seguridad financiera, los temores, los placeres, la ambición y la voluntad propia que insiste: «Señor, ¡*yo* tengo un buen plan para ser tu discípulo!». Quizá crees que no tienes espacio en tu agenda para amar a los demás con el amor maduro de Jesucristo. Hay que recordar que el amor maduro no depende de encontrar más espacio en tu agenda, sino de encontrar más espacio en tu corazón para ser enseñado por el Maestro de amores. La lección final de Jesús para Pedro es una que todos necesitamos: solo las vidas cambiadas *por* el amor de Jesús cambiarán vidas *con* el amor de Jesús. Simón, el pescador joven, «se ceñía e iba a donde quería», pero treinta años más tarde, estando a la sombra de su propia crucifixión, el discípulo de piedra llama a la siguiente generación de líderes a practicar el mismo amor maduro que él había aprendido de seguir a Jesucristo:

> Apacentad la grey de Dios que está entre vosotros, cuidando de ella, no por fuerza, sino voluntariamente; no por ganancia deshonesta, sino con ánimo pronto; no como teniendo señorío sobre los que están a vuestro cuidado, sino siendo ejemplos de la grey. Y cuando aparezca el Príncipe de los pastores, vosotros recibiréis la corona incorruptible de gloria (1 Pedro 5:2-4).

Guía de estudio

Capítulo 8: **Consagrado**

Resumen del capítulo

Crecemos en el amor maduro de Jesús únicamente cuando nos consagramos a seguir a Jesús.

Para comenzar

¿Cómo respondes tú a la pregunta de Jesús: «_____ (pon tu nombre), ¿me amas?». ¿Por qué crees que Jesús dirige tu amor por Él hacia los demás?

Preguntas para contestar

1. ¿Estás de acuerdo con lo que plantea Nicolás Tranchini: «Cuando amo lo que debo amar, hago lo que debo hacer»? ¿Por qué? ¿Cómo funciona este principio en tu vida?
2. Lee Juan 21:1-18 y trata de visualizar esta escena conmovedora en la playa del lago de Galilea. ¿Dónde observas muestras de la gracia de Jesús hacia los discípulos y Pedro?
3. El autor cree que Jesús no está humillando a Pedro, sino que está enfatizando que el requisito primordial para servir con Jesús es el amor por Jesús. ¿Estás de acuerdo? ¿Qué más agregarías a tu respuesta?
4. ¿Te parece imposible o irrealista amar a otros *como* Jesús por amor *a* Jesús? ¿Qué encuentras en las tres verdades que presenta el autor, que te ayudan a entender tu crecimiento en el amor?
5. En tus propias palabras, explica por qué el amor auténtico por Jesús no es sinónimo del amor maduro para con los demás. ¿Dónde aprendemos el amor maduro para con los demás?
6. El autor habla de los «con tal que» que pueden limitar nuestro amor o hasta convertir a los demás en «vehículos» u «obstácu-

los». ¿Cuáles son algunos «con tal que» que tienden a surgir en tu corazón?
7. Pensando en la vida y el ministerio de Pedro, ¿de qué forma se entregaba en amor por los demás? ¿Qué aprendes tú del ejemplo de Pedro?
8. ¿Qué aprendes de la respuesta de Jesús a la protesta de Pedro: «¿Qué a ti? Sígueme tú»? ¿De qué manera te ayuda la respuesta de Jesús a descubrir una vida con Él que va más allá de «tu buen plan para ser un discípulo de Jesús»?
9. ¿Cuál es la promesa implícita de Jesús en su mandamiento: «Sígueme»? ¿De qué manera trae el «dirigir» de Jesús paz y fuerzas a tu «seguir»?

Para orar

- Aparta un rato para orar y decirle al Señor Jesús: «Señor, tú sabes que te amo». Pídele que te muestre cómo puedes amar a alguien más con el amor de Jesús por amor a Jesús.
- ¿Hay un «¿qué de este?» en tu corazón que te impida seguir a Jesús o te lleve a poner tu mirada en «Juan»? Ora para arrepentirte de tu «¿qué de este?»

Para meditar durante la semana

Lee el capítulo 21 del Evangelio de Juan dos veces. Luego escribe tu propia oración de confesión y petición a lo que Dios te haya enseñado en tu lectura.

Tercera parte

COSECHA

El cielo no es tanto un lugar como la comunión que nunca se acaba con el Dios Padre y su Hijo Unigénito Jesús.

JIM ADAMS

Tengo una sola pasión; es Él y solo Él.

NICOLÁS LUDWIG (CONDE) ZINZENDORF[1]

---

1. Fuente original desconocida. Citado en J. Oswald Sanders, *Liderazgo espiritual* (Grand Rapids, MI: Portavoz, 1995), 14.

Testimonio

Principio de Pedro #9:
Conocer a Cristo no es una decisión que tomas, sino tu participación en la plenitud de su vida.

¡Creía que era una de mis mejores ideas! Como parte de mi trabajo con la comisión de evangelismo de nuestra denominación, tuve varias oportunidades para observar que muchos creyentes querían compartir las buenas nuevas de Cristo con sus amigos y vecinos, pero no sabían cómo hacerlo. A menudo, terminaban hablando con sus amigos de cuán importante era dejar sus vicios o les prometían que habría mucha bendición para ellos si se congregaban en la iglesia con su familia. Al reflexionar en cómo responder a este reto, se me ocurrió la idea «brillante» de enseñarle a *toda la gente* de nuestra denominación un método sencillo para compartir el evangelio.

Me decidí por el método de «el Puente» y organicé la impresión de miles de folletos que presentaban el evangelio utilizando la figura de Jesucristo como el *puente* entre el hombre pecador y el Dios santo. Realizábamos capacitaciones sobre cómo presentar el evangelio usando este método y después salíamos a evangelizar, animados y armados con los folletos y los versículos bíblicos que habíamos memorizado.

Hoy día, mirando atrás, tengo sentimientos encontrados acerca de nuestra gran campaña de «el Puente». No tengo absolutamente nada en contra de ese método. Es un método claro, práctico y bíblico para compartir el evangelio. Dio resultados. Hasta el día de hoy, me da mucha alegría recordar aquellos momentos cuando Dios nos concedió el privilegio sagrado de acompañar a alguien en su decisión de poner su fe en Jesucristo y recibir la dádiva de la vida eterna.

Entonces, ¿por qué digo que tengo sentimientos encontrados? Es porque, en muchas ocasiones, presentábamos a un Cristo «transaccional». Presentábamos a Cristo como un «puente» que debemos utilizar para ir al cielo y estar con Dios. De hecho, si revisas algunos de los tratados que se usan para evangelizar, verás que presentan a Cristo como «el remedio» al problema del pecado, o como tu «boleto al cielo», o como tu «pasaporte a la eternidad» o como un «aro salvavidas» que te rescatará de las llamas del infierno. ¿Propongo que dejemos de usar los tratados evangelísticos? ¡Para nada! Muchos son bíblicos y creativos. Lo que sí propongo es que dejemos de presentar a un Cristo «transaccional», un Cristo que nos sirve a nosotros como un bien religioso o una moneda con la que compramos una vida de propósito, paz y seguridad eterna.[2] Propongo que rechacemos el evangelio raquítico de una cruz «transaccional», que cree que fuimos salvados por una oración que hicimos en el pasado y no por el Salvador glorioso, quien nos amó y nos redimió con su sangre preciosa (1 Pedro 1:19; Apocalipsis 1:5).

> *Dejemos de presentar a un Cristo «transaccional», un Cristo que nos sirve a nosotros como un bien religioso o una moneda con la que compramos una vida de propósito, paz y seguridad eterna.*

---

2. Samuel Escobar llama esta perspectiva «el Cristo mendigo», porque «se ofrece a Cristo en términos de técnica de venta», de parte de vendedores que andan suplicando el favor de que alguien les compre su producto. Véase Samuel Escobar, *En busca de Cristo en América Latina* (Buenos Aires: Kairós, 2012), 351-352.

En los días después de la resurrección de Cristo, el apóstol Pedro no comenzaba sus mensajes evangelísticos con una pregunta como: «Si murieras en esta noche, ¿dónde pasarías la eternidad?». Lleno del Espíritu Santo, Pedro presentaba en sus predicaciones al verdadero Jesús transformacional: encarnado, rechazado, crucificado, muerto, sepultado, resucitado, ascendido y exaltado como Cristo y Señor viviente y reinante. Le apasionaba mostrar al Cristo verdadero para que los oyentes pudieran creer en Él y conocer la misma gracia, gratitud, asombro, adoración, amor y esperanza que habían revolucionado su vida. Observa Larry Helyer, erudito en estudios sobre el apóstol Pedro:

> Pedro cree que Jesús está vivo y activo, y que está obrando por medio de él [Pedro] para apacentar las ovejas de Dios. Ha pasado algo extraordinario en el hombre llamado Pedro: ha sido transformado por el Cristo viviente. Y da por sentado que todo creyente debe andar por el mismo camino.[3]

¿Conoces al Jesucristo que Pedro predica?

Ningún otro autor del Nuevo Testamento supera a Pedro en la riqueza de los nombres que emplea para presentar la belleza y majestad de Jesucristo. En sus primeras cuatro predicaciones en el libro de los Hechos, Pedro presenta a Cristo utilizando ocho títulos distintos.[4] Lee las siguientes porciones de las predicaciones de Pedro y medita en los títulos que utiliza para presentar quién es el Señor Jesús.

Hechos 2

A este **Jesús resucitó Dios**, de lo cual todos nosotros somos testigos. Así que, **exaltado por la diestra de Dios**, y

---

3. Helyer, *Life and Witness of Peter*, 117.
4. Hechos 2:14-40; 3:12-26; 4:8-12 y 5:29-32.

habiendo recibido del Padre la promesa del Espíritu Santo, ha derramado esto que vosotros veis y oís (vv. 32-33).

Sepa, pues, ciertísimamente toda la casa de Israel, que a este Jesús a quien vosotros crucificasteis, **Dios le ha hecho Señor y Cristo** (v. 36).

Hechos 3

El Dios de Abraham, de Isaac y de Jacob, el Dios de nuestros padres, **ha glorificado a su Hijo Jesús**... (v. 13).

Mas vosotros negasteis **al Santo y al Justo**... y matasteis **al Autor de la vida**, a quien Dios ha resucitado de los muertos (vv. 14-15).

Pero Dios ha cumplido así lo que había antes anunciado **por boca de todos sus profetas, que su Cristo había de padecer** (v. 18).

Hechos 4 y 5

Este **Jesús es la piedra reprobada por vosotros los edificadores, la cual ha venido a ser cabeza del ángulo**. Y en ningún otro hay salvación; porque no hay otro nombre bajo el cielo, dado a los hombres, en que podamos ser salvos (4:11-12).

El Dios de nuestros padres levantó a Jesús, a quien vosotros matasteis colgándole en un madero. A este, **Dios ha exaltado con su diestra por Príncipe y Salvador**, para dar a Israel arrepentimiento y perdón de pecados (5:30-31).

¿Conoces a *este* Cristo que Pedro predica?

1. ¿Adoras a Jesús como *Señor*? (Hechos 2:36). Pedro anuncia en su primera predicación que «a este Jesús a quien vosotros crucificasteis, Dios le ha hecho *Señor* y Cristo». Con la palabra «Señor», Pedro declara que Jesús es igual al Señor (Yahweh) del Antiguo Testamento y comparte sus atributos como Salvador, Redentor, Refugio, Torre Fuerte, Buen Pastor, Roca Eterna y Porción Inigualable. Exaltado a la derecha del Padre, el Jesús resucitado reina sobre «ángeles, autoridades y potestades» y a Él le pertenecen la gloria y el imperio por los siglos de los siglos (1 Pedro 3:22; 4:11b; 2 Pedro 3:18b).

2. ¿Te maravillas de Jesús como el *Cristo* (Mesías)? (Hechos 2:36). La palabra «*cristos*» en griego («*mashiah*» en hebreo) significa «ungido». El título «Cristo» identifica a Jesús como Aquel que ejerce los tres oficios del Mesías prometido: (1) es el sumo Sacerdote para siempre (Salmo 110), (2) es el Profeta a quien Dios levantará para proclamar su Palabra (Deuteronomio 18:15; Hechos 3:22-24) y (3) es el Rey de reyes, quien reina sobre los reyes de la tierra (Salmo 2; 2 Samuel 7:12-16 y Lucas 1:31-33).

3. ¿Te arrepientes delante de Jesús, el *Santo y Justo*? (Hechos 3:14). Pedro presenta a Jesús como el Hijo santo del Santo de Israel, quien convertirá a Israel de su maldad y lo conducirá a las bendiciones prometidas por los profetas (Hechos 3:26). Jesús es el único Justo, porque «llevó él mismo nuestros pecados en su cuerpo sobre el madero, para que nosotros, estando muertos al pecado, vivamos a la justicia» (1 Pedro 2:24; 3:18).

4. ¿Te regocijas en Jesús, el *Autor de la vida*? (Hechos 3:15). Según Pedro, Jesucristo es «Autor de la vida»[5] porque posee plenitud de vida en sí mismo, que imparte a los suyos:

---

5. La palabra traducida «Autor» es ἀρχηγός y significa «líder primario (príncipe) u originador». Aparece la misma palabra en Hebreos 12:2 con referencia a la fe.

Me hiciste conocer los caminos de la vida;
Me llenarás de gozo con tu presencia
(Hechos 2:28, citando el Salmo 16:11).

Dios liberó a Jesús de los dolores de la muerte porque era imposible que la muerte retuviese al Autor de la vida (Hechos 3:15; 2:24).

5. ¿Te humillas ante Jesús, *el Siervo sufriente*? (Hechos 3:13, 26). Al llamar a Jesús el Siervo (Hijo) a quien Dios glorificó y levantó, Pedro lo identifica como el Siervo sufriente de Isaías 53, quien «herido fue por nuestras rebeliones, molido por nuestros pecados» (Isaías 53:5).[6] Ahora, con la resurrección de Jesús, ¡se han cumplido las profecías de Isaías: «He aquí que mi siervo será prosperado, será engrandecido y exaltado, y será puesto muy en alto»! (Isaías 52:13).

6. ¿Te apoyas en Jesús como *Piedra Angular* (Cabeza del Ángulo)? (Hechos 4:11). Ante las amenazas de los poderes religiosos de Israel, Pedro presenta a Jesús como «la piedra reprobada por vosotros los edificadores, la cual ha venido a ser cabeza del ángulo». La expresión «Piedra que es Cabeza del Ángulo» enfatiza que Jesucristo es la Roca eterna y el fundamento sobre el cual Dios edificará un nuevo templo de «piedras vivas», unidas a Cristo para anunciar al mundo sus virtudes (1 Pedro 2:4-10).[7]

---

6. La mayoría de las versiones en castellano traduce la palabra griega *Paida* en Hechos 3:13 y 26 como *Siervo*, no *Hijo* (como la RVR-60). Se debe entender *Paida* como una referencia a Jesús como el Siervo sufriente de Isaías. Frederick F. Bruce, *Commentary on the Book of Acts,* NICNT (Grand Rapids, MI: Eerdmans, 1983), 88.

7. La figura de la «Cabeza del Ángulo» es rica en significado mesiánico. Pedro está citando el Salmo 118:22, el cual utiliza Jesús mismo para hablar de pueblo nuevo que edificará entre los que tienen fe en Él (Mateo 21:42-43). Al colocar la Piedra desechada por los constructores como la Cabeza del ángulo, Dios hará «una cosa maravillosa a nuestros ojos»: el templo nuevo y santo, edificado de judíos y gentiles unidos a Cristo para vivir como «morada de Dios en el Espíritu» (Efesios 2:20-22).

TESTIMONIO

7. **¿Glorificas a Jesús como *Príncipe y Salvador*?** (Hechos 5:31). Pedro confronta las recriminaciones feroces de los principales saduceos con el hecho de que Dios ha exaltado a Jesús a su diestra por «Príncipe y Salvador, para dar a Israel arrepentimiento y perdón de los pecados» (Hechos 5:31). Así Jesucristo es el «Primer Ministro» de la obra nueva que Dios está llevando a cabo entre aquellos que han recibido al Espíritu Santo por razón de su fe en Jesús.

8. **¿Tiemblas ante Jesús como *Juez de vivos y muertos*?** (Hechos 10:42). En la casa de Cornelio, Pedro anuncia que Jesucristo es «Señor de todos», ungido con el Espíritu Santo y con poder para hacer el bien y librarlos a todos de la opresión del diablo (Hechos 10:36-38). Por medio de la resurrección, Dios ha puesto a Jesús como «Juez de vivos y muertos», de quien recibirá el perdón de pecados todo aquel que creyere en Él (Hechos 10:40-43).[8]

«Haz que tus sermones estén llenos de Cristo; desde el principio al final ¡que estén repletos del evangelio! Predica a Jesucristo en todo momento y en todo lugar».
(C. H. Spurgeon)

Los sermones de Pedro ilustran el consejo que C. H. Spurgeon compartió con sus estudiantes ministeriales dieciocho siglos después: «Haz que tus sermones estén llenos de Cristo; desde el principio al final ¡que estén repletos del evangelio! Predica a Jesucristo en todo momento y en todo lugar».[9] ¿Conoces al Jesús que predica Pedro como Señor, Cristo, Santo y Justo, Autor de la vida, Siervo sufriente, Piedra Angular, Príncipe y Salvador, y Juez eterno de vivos y muertos? O

---

8. En sus predicaciones, Pedro enfatizaba una y otra vez la resurrección de Jesús como una realidad vívida, no solo una creencia doctrinal (Hechos 2:24, 32; 3:15; 4:2, 10, 33; 5:30-32, 42; 1 Pedro 3:21-22).
9. Charles H. Spurgeon, *The Soul Winner* (Londres: Marshall Brothers, sin fecha), 108.

¿conoces solo al Cristo «transaccional», predicado en tantos púlpitos hoy día, un Cristo pálido y disminuido, que no tiene poder para rescatarnos de un discipulado insulso y carente de santidad?

¡Y hay más todavía!

Si bien Pedro predica la majestad gloriosa de Jesucristo en el libro de los Hechos, su segunda epístola nos lleva al colmo cristológico del Nuevo Testamento. Pedro llama a Jesús «Señor» 12 veces en solo 61 versículos, y es el único escritor que llama a Jesús por su título completo de «Señor y Salvador Jesucristo», y ¡lo hace tres veces! (2 Pedro 1:11; 2:20; 3:18).[10] Pedro nos recuerda que vieron con sus «propios ojos su majestad» y oyeron desde «la magnífica gloria [del cielo] una voz que decía: Este es mi Hijo amado, en el cual tengo complacencia» (2 Pedro 1:16-18).[11] Pero quizá nada se compara con esta declaración: hemos sido alcanzados por «la justicia de nuestro *Dios y Salvador Jesucristo*» (2 Pedro 1:1).[12] Edward Donnelly señala:

> El pescador de Galilea predica a un Salvador de majestad infinita. He aquí, hay Alguien, delante de quien nos sentimos impulsados a postrarnos para ensalzarlo.[13]

---

10. Helyer, *Life and Witness of Peter*, 218-19 (incluyendo las referencias posibles de «Señor» a Jesús).
11. Las palabras que el Padre pronuncia sobre el Hijo —«en el cual tengo complacencia»— son una referencia clara a Isaías 42:1, cuando Dios habla, por medio del profeta: «He aquí mi siervo, yo le sostendré; mi escogido, en quien mi alma tiene contentamiento». Para Pedro no hay contradicción entre el papel de Jesús como Siervo e Hijo, una verdad que debe llenarnos de alegría en nuestro servicio a Dios, como hijos de Dios.
12. Es un ejemplo de la regla de Granville Sharp. El apóstol Juan hace esta identificación en su prólogo (Juan 1:1-18), y Pablo identifica a Cristo como Dios en Romanos 9:5 y Tito 2:13. Vale la pena recordar también que se le llama «Salvador» al Dios Padre en varias ocasiones en el Nuevo Testamento (1 Timoteo 1:1; 2:3; Tito 1:3; 2:10; 3:4; Judas 25), evocando así un silogismo: cosas que equivalen a la misma cosa, se equivalen a sí mismas.
13. Edward Donnelly, *Peter, Eyewitness of His Majesty* (Carlisle, PN: Banner of Truth, 1998), 71.

La verdad es que, si no conoces a este Cristo, no conoces a Cristo. No es posible conocer a un Cristo transaccional, desmenuzado y repartido en porciones particulares que podamos aceptar o rechazar según nuestros gustos. John Piper habla de la totalidad de la persona de Cristo como nuestro tesoro:

> Cuando nos enfocamos en Jesús como nuestro tesoro, incluimos todo lo que Él es: Salvador atesorado, Señor atesorado, sabiduría atesorada, justicia atesorada, amigo atesorado, agua viva atesorada, pan del cielo atesorado y más. Tener a Cristo como tesoro no es tener una porción de Cristo. Es más bien tener toda dimensión de Cristo —todo de Él— siendo la totalidad [de Él] su valor infinito.[14]

Crecer en conocer a Cristo

Conocer a Jesucristo como Pedro lo conocía no es automático; se trata de un proceso de crecimiento. Pedro no logró conocer al Cristo que predicaba en Hechos en un solo día, y nosotros tampoco lo haremos. Sin embargo, urge tanto que tú y yo *crezcamos* en conocer a Cristo que Pedro ocupa sus palabras escritas finales para llamarnos a ese emprendimiento:

> *Pedro no logró conocer al Cristo que predicaba en Hechos en un solo día, y nosotros tampoco lo haremos.*

> Antes bien, creced en la gracia y el conocimiento de nuestro Señor y Salvador Jesucristo. A él sea gloria ahora y hasta el día de la eternidad. Amén (2 Pedro 3:18).

---

14. John Piper, «Where Christ isn't being treasured, He's being used», en línea: https://www.crossway.org/articles/where-christ-isnt-being-treasured-hes-being-used/?utm_source=Crossway+Marketing&utm_campaign=81b-3b9a5ea-20230501+General+-+Christ+Treasured&utm_medium=email&utm_term=0_0275bcaa4b-47e8a09831-%5BLIST_EMAIL_ID%5D (consultado el 9 de mayo de 2023).

Con las palabras «creced en la gracia y el conocimiento de nuestro Señor y Salvador Jesucristo», Pedro no tiene en mente solo adquirir más conocimientos sobre la persona y la doctrina de Cristo (2 Pedro 1:2, 5, 8; 2:20).[15] Vale la pena aprender todo lo que podamos acerca de la persona de Jesucristo, pero la pregunta que debemos hacer de las cristologías teológicamente sofisticadas es: ¿Nos ayudan a atesorar a Cristo como Señor y postrarnos ante Él en sumisión y adoración?

Al hablar de «crecer» en la gracia y el conocimiento de Cristo, el apóstol Pedro escribe un verbo esperanzador que se usa en el Nuevo Testamento para hablar del desarrollo o expansión saludable de la obra de Dios. [16] Por ejemplo, se refiere:

- a cómo Jesús mismo creció en «sabiduría y en estatura, y en gracia para con Dios y los hombres» (Lucas 2:52).
- a cómo crece la semilla de la Palabra de Dios que cae en corazones buenos y produce una cosecha incalculable (Lucas 8:4-15).
- a cómo crecía la Palabra de Dios y se multiplicaban los discípulos de Cristo en la iglesia naciente (Hechos 6:7; 12:24).
- a cómo crecía el evangelio, llegando a muchos y llevando mucho fruto por todas partes (Colosenses 1:6; 1 Corintios 3:6-7).
- a cómo crecen los creyentes al beber la leche espiritual de la Palabra (1 Pedro 2:2).
- a cómo crecemos todos nosotros en todo «en aquel que es la cabeza, esto es Cristo, de quien todo el cuerpo… recibe su crecimiento para ir edificándose en amor» (Efesios 4:15).

---

15. En solo su segunda carta, Pedro utiliza el verbo «conocer» o sus cognados 16 veces (1:2, 3, 5, 6, 8, 12, 14, 16, 20; 2:9, 20, 21 (2 veces); 3:3, 17, 18). Véase Robert C. Gromaki, *New Testament Survey* (Grand Rapids, MI: Baker Academic, 1974), 362. Pedro sabía que el conocimiento verdadero de Cristo era la mejor defensa contra las enseñanzas falsas que disminuían o tergiversaban la persona y la obra de Jesús.

16. El verbo en griego es αὐξάνω y significa «crecer, aumentar, hacerse más grande, expandir». Véase *Complete Expository Dictionary of Old and New Testament Words*, ed. Robert D. Mounce (Grand Rapids, MI: Zondervan, 2006), 313 (s.v. «grow»).

TESTIMONIO

Dos áreas para crecer en la gracia y el conocimiento de Cristo

Entonces, ¿cómo podemos experimentar el desarrollo y la «expansión saludable» de nuestro crecimiento en el conocimiento y la gracia de Cristo? Déjame sugerir dos áreas.

1. Nuestra participación en la «naturaleza divina» y las virtudes de Cristo

Crecemos en conocer a Cristo en la medida en que participamos con Él en su vida de virtud. Pedro describe esta vida como «ser participantes de la naturaleza divina» (2 Pedro 1:4). ¿Significa eso que somos «pequeños dioses»? ¡Para nada! Significa más bien que Cristo, como Hijo de Dios, compartirá contigo la plenitud y el privilegio filial de vivir la vida de virtud que Él vivía —una plenitud que incluye tanto el sufrimiento con Él, como ser coheredero con Él en el reino del Padre (1 Pedro 4:13-14).

> *Crecemos en conocer a Cristo en la medida en que participamos con Él en su vida de virtud.*

> Vosotros también, poniendo toda diligencia por esto mismo, añadid a vuestra fe [en Cristo] virtud; a la virtud, conocimiento; al conocimiento, dominio propio; al dominio propio, paciencia; a la paciencia, piedad; a la piedad afecto fraternal; al afecto fraternal, amor. Porque si estas cosas están en vosotros, y abundan, no os dejarán estar ociosos *ni sin fruto en cuanto al conocimiento de nuestro Señor Jesucristo* (2 Pedro 1:5-8).

Crecer en esta vida de ser «participantes de la naturaleza divina» vence la corrupción y la concupiscencia que nos dejan sin fruto en nuestro conocimiento de Cristo. Es una vida empapada de las virtudes interpersonales de Cristo, que culmina en la práctica del amor *agapé* de Cristo. Es una vida que hará firme tu elección y te otorgará una «amplia y generosa entrada en el reino eterno de nuestro Señor y Salvador Jesucristo» (2 Pedro 1:10-11). Es una vida que Dios te ofrece cada día por medio de sus «preciosas y grandísimas promesas» (2 Pedro 1:4).[17] Y es la misma vida que Jesús les prometió a Pedro y los otros discípulos en el aposento alto cuando les dijo: «Yo estoy en el Padre, y vosotros en mí, y yo en vosotros» (Juan 14:20).

2. Nuestra preparación para compartir el evangelio

Pedro conecta estrechamente el conocer a Cristo con darlo a conocer.

> Más bien, santifiquen en su corazón a Cristo como Señor y estén siempre listos para responder a todo el que les pida razón de la esperanza que hay en ustedes, pero háganlo con mansedumbre y reverencia (RVA-2015).[18]

Si santificamos a Cristo como Señor, estaremos «listos para responder... con mansedumbre y reverencia» por dos razones. Primero, testificaremos no de un Cristo transaccional, sino del Cristo a quien santificamos como Señor sobre la totalidad de nuestro ser. El autor y pastor Peter Scazzero nos advierte del peligro de predicar *para* Jesús *sin* Jesús. Según Scazzero, predicamos *para* Jesús *sin* Jesús si hablamos

---

17. Toma nota de la similitud de ideas entre Efesios 1:3: «Bendito sea el Dios y Padre de nuestro Señor Jesucristo, que nos bendijo con toda bendición espiritual en los lugares celestiales en Cristo» y 2 Pedro 1:3: «Como todas las cosas que pertenecen a la vida y a la piedad nos han sido dados por su divino poder, mediante el conocimiento de aquel que nos llamó por su gloria y excelencia».

18. Los manuscritos más tempranos apoyan la lectura de «santificad a *Cristo* el Señor» en 1 Pedro 3:15, no «Dios el Señor» como en la Reina-Valera 1960 y el texto mayoritario. Véase Bruce M. Metzger, *A Textual Commentary on the Greek New Testament* (Stuttgart, West Germany: UBS, 1975), 691; *Net Bible*, 2312. El texto griego dice literalmente «Santificad al Señor, el Cristo». Pedro está citando Isaías 8:13 y una vez más identifica a Jesucristo con el SEÑOR del Antiguo Testamento.

de Él sin abrirnos a su comunión, en la cual le damos acceso a todas las dimensiones de nuestro ser.[19]

Segundo, santificar a Cristo como Señor nos ayuda a desear para la persona con quien hablamos lo que Cristo desea para él o ella. Por ejemplo, una tarde, mientras escribía este capítulo, disfruté un cafecito con un viejo amigo de mis tiempos como abogado. Mi amigo se ha jubilado de una carrera de bastante éxito y distinción profesional como abogado. Tiene un espíritu dadivoso y se preocupa por los que tienen pocos recursos. En algún momento de nuestra conversación, habló de la urgencia de aprovechar bien los años que le quedaban porque —según él— «después de eso, todo se acaba».

Le pregunté:

—¿Qué quieres decir con eso, que todo «se acaba»?

—Bueno —me dijo—, morimos, nos desintegramos y no hay más.

Mi amigo sabe muy bien lo que yo creo, así que agregó con una sonrisa:

—Soy ateo, ¡no pierdas el tiempo conmigo!

Respeto y aprecio a mi amigo y creo que seguiremos «perdiendo más tiempo» hablando de Cristo. Anhelo de todo corazón que mi amigo pase la eternidad en el cielo con Cristo, pero anhelo algo más que solo una oración de parte él para «recibir» a un Cristo transaccional que le servirá de «Puente» al cielo. Anhelo que mi amigo quede embelesado ante la hermosura del Cristo verdadero quien lo ama y lo amará como ningún otro. Anhelo que descubra en Cristo la vida de «naturaleza divina» que describe Michael Reeves:

> *Santificar a Cristo como Señor nos ayuda a desear para la persona con quien hablamos lo que Cristo desea para él o ella.*

---

19. Peter Scazzero, «The Danger of Preaching without Jesus», en línea: https://www.preachingtoday.com/your-soul/rest-sabbath/danger-of-preaching-without-jesus.html (consultado el 1 de junio de 2022).

En el Dios Trino está el amor detrás de todo amor, la vida detrás de toda vida, la música detrás de toda música, la belleza detrás de toda belleza y la alegría detrás de toda alegría.[20]

Conclusión

Quizá sea posible *creer* en un Cristo transaccional, pero es imposible *crecer* en la gracia y el conocimiento de un Cristo transaccional. Nadie santifica en su corazón a un Cristo transaccional.

El crecimiento en la gracia y el conocimiento de Jesucristo no se trata de nuestras perfecciones, sino de conocer las perfecciones de Él.

No estoy hablando de la perfección, pues los que me conocen, distinguen bien mis muchas imperfecciones. El crecimiento en la gracia y el conocimiento de Jesucristo no se trata de nuestras perfecciones, sino de conocer las perfecciones de Él. En julio del año 1530, el reformador Martín Lutero le escribió una carta a un creyente joven que se llamaba Jerome Weller. Jerome había servido a Lutero como tutor de sus hijos y se encontraba luchando con sentimientos profundos de derrota espiritual. Lutero lo anima a poner su mirada en la perfección de Cristo y su obra.

> Excelente Jerome:
> Dices que tu tentación es más pesada de lo que puedes soportar y que temes que ella te deshaga y te quebrante de modo que caigas en la desesperación y la blasfemia... Cuando el diablo nos tira los pecados en la cara y declara que merecemos la muerte y el infierno, debemos decir: «Reconozco que merezco la muerte y el infierno, ¿y qué? ¿Seré condenado?

---

20. Michael Reeves, *Delighting in the Trinity: An Introduction to the Christian Faith* (Downers Grove, IL: InterVarsity Academic, 2012), 62.

No. Porque conozco al que sufrió e hizo propiciación por mí. Su nombre es Jesucristo, el Hijo de Dios. Y donde Él está, yo también estaré».

Tuyo,
Martín Lutero[21]

¿Conoces a *ese* Cristo? Me atrevo a suplicarte que te arrepientas de cualquier vestigio del Cristo transaccional que encuentres en tu alma. Dile a tu alma: «No es que yo *sé* que Cristo ama, y perdona y salva. Más bien, yo conozco al Cristo que me ama, me perdona y me salvará para siempre, porque Él es Señor, el Mesías, el Santo y Justo, el Autor de la vida, la Cabeza del Ángulo, el Príncipe y Salvador, y el Juez de vivos y muertos. Y donde Él está, yo también estaré».

---

21. Justin Taylor, «Martin Luther's letter to a close friend struggling with spiritual despair», en línea: https://www.thegospelcoalition.org/blogs/justin-taylor/martin-luthers-personal-letter-close-friend-struggling-spiritual-despair/ (blog del 31 de diciembre de 2018. Consultado el 6 de mayo de 2023).

Guía de estudio

Capítulo 9: Testimonio

Resumen del capítulo

Conocer a Cristo no consiste en una decisión que tomaste en el pasado, sino que es tu participación en la plenitud de la vida de Cristo en ti.

Para comenzar

Piensa en la experiencia que el autor cuenta acerca de cómo usó el tratado evangelístico «el Puente». ¿Cuáles eran algunos aspectos buenos de su experiencia y cuáles eran algunos negativos? ¿Qué sucede si enfocamos el evangelio principalmente en el momento de «tomar una decisión por Cristo»?

Preguntas para contestar

1. ¿En qué consiste un «Cristo transaccional»? ¿De qué manera deshonra a Cristo y su obra transformacional?
2. Vuelve a leer la cita de Larry Helyer que habla de cómo Pedro veía a Cristo. ¿Qué reto encuentras para tu vida en esa cita?
3. De los ocho títulos de Cristo que Pedro usó en sus mensajes, ¿cuál te llama más la atención? ¿Qué aprendes de Cristo en el título que elegiste?
4. ¿Es el Cristo «entero» tu tesoro supremo? ¿De qué maneras desmenuzamos en porciones al Cristo que predicamos o compartimos con otros?
5. Lee 2 Pedro 3:18 tres veces. ¿Qué significa «crecer» y cómo estás creciendo en la gracia y el conocimiento de Cristo?
6. ¿Cuáles son las dos maneras que presenta el autor para crecer en la gracia y el conocimiento de Cristo?
7. ¿Cuál es la conexión entre conocer a Cristo y darlo a conocer? ¿Qué sucede si falta la primera parte de esta conexión?

8. ¿Qué deseas para las personas con quienes compartes el evangelio? ¿Solo que «hagan una oración para aceptar a Cristo»? Explica cómo conocer a Cristo nos ayuda a no tratar a las personas como «proyectos» evangelísticos.
9. ¿Qué aprendiste de la carta de Martín Lutero a su joven amigo Jerome?

Para orar

- Ora que Dios te ayude a dejar cualquier vestigio del Cristo transaccional que encuentres en tu mente y tu corazón.
- Pídele a Dios que te abra los ojos a la majestad y belleza de Cristo, de manera tal que puedas presentarlo con mansedumbre y reverencia. Ora por tus amigos, parientes, vecinos y compañeros de trabajo y estudio.

Para meditar durante la semana

Haz un repaso de los ocho títulos de Jesucristo que Pedro presenta. Medita en cada uno y en la forma en que puede consolarte, fortalecerte y ayudarte a vivir en rendición absoluta a Cristo.

Más de 360 millones de cristianos en el mundo sufren altos niveles de persecución y discriminación por su fe, incluyendo uno de cada quince cristianos en América Latina. Siguen a Cristo, cueste lo que cueste.[1]

«Gozaos por cuanto sois participantes de los padecimientos de Cristo». Con estas palabras, Pedro dio a conocer la fuente de su fidelidad y valor; Cristo, quien había sufrido por Pedro, estaría cerca siempre para fortalecerlo y sostenerlo.

F. B. Meyer[2]

---

1. *Puertas Abiertas*, en línea: https://www.puertasabiertas.org/es-ES/ (consultado 10 de septiembre de 2022).
2. F. B. Meyer, *Peter: Fisherman, Disciple, Apostle* (Irlanda: CrossReach Publications, 2022), 141.

¡Sufrimiento!

Principio de Pedro #10:
Para compartir la gloria de Cristo
en lo que sufres por Cristo, hay que
sufrir como Cristo sufrió.

EL 7 DE MARZO DE 2003, una mujer de 38 años llamada Karen Watson entregó en manos de los ancianos de su iglesia una carta sellada que debía abrirse solamente en caso de su muerte. Karen se iba a Irak para servir con un equipo de misioneros en proyectos de ayuda comunitaria. Servir a Dios en las misiones no era nada nuevo para Karen, pues ya había participado en viajes misioneros a corto plazo en países, como El Salvador, México y Macedonia. Ahora Karen creía que Dios la estaba llamando a compartir el amor de Jesús en medio de las apremiantes necesidades humanitarias de Irak. Karen dejó su profesión como oficial correccional, vendió su auto y su casa, y metió todo lo que poseía en una gran mochila negra. ¡Ella estaba lista!

Tristemente, después de solo un año y una semana, los ancianos tuvieron que abrir la carta de Karen. Ella había sido martirizada, junto con tres creyentes más de su equipo, cuando unos terroristas abrieron fuego contra el vehículo en que ellos viajaban rumbo a uno de sus sitios de ministerio. La carta de Karen decía, en parte: «No fui llamada a un lugar. Fui llamada a Él. Obedecerlo fue mi objetivo. Sufrir por Él fue mi expectativa. Su gloria es mi recompensa».[3] Quedamos todos admirados de la fe y valentía de Karen, pero tal vez no te puedes identificar con todo lo que ella sufrió. Yo tampoco. No obstante, en la lista de los cincuenta países del mundo con las tasas más altas de persecución contra cristianos, figuran cuatro países de nuestro continente: Cuba (#22), Nicaragua (#30), Colombia (#34) y México (#37).[4] En algunos países de América Latina, el gobierno acusa a los cristianos evangélicos de «desestabilizar el país», y así justifica el acoso a pastores y el cierre de las ONG cristianas.[5] También hay un número creciente de misioneros enviados desde América Latina a países musulmanes, quienes saben de primera mano qué es sacrificar su comodidad y arriesgar su vida por el evangelio de Jesucristo.

¿Sufres por Cristo? Antes de contestar: «Pues, no mucho», considera las diversas circunstancias en las que te expones a penas y pérdidas, si sigues a Cristo fielmente:

- Te niegas a participar de hechos corruptos en la empresa donde trabajas y sufres las amenazas de tus compañeros.
- Sigues amando fielmente a tu cónyuge inconverso en un matrimonio difícil.
- Por no practicar el engaño académico con tus compañeros de clase, sales reprobado en el examen final de la asignatura.
- Pierdes tu trabajo porque no estás dispuesto a trabajar los domingos y dejar tu ministerio en el comedor infantil de tu iglesia.

---

3. Información tomada de «Keep sending missionaries», *Baptist Press* (24 de marzo de 2004) y C. J. Moore, «From the Mundane to Martyrdom», *For the Church*, en línea: https://ftc.co/resource-library/blog-entries/from-the-mundane-to-martyrdom/ (25 de octubre de 2018).

4. *Puertas Abiertas*, Lista de Persecución Mundial para 2024, en línea: https://www.puertasabiertas.org/es-ES/persecucion/lmp/ (consultado 6 de mayo de 2024).

5. En línea: https://www.puertasabiertas.org/es-ES/actualidad/todos/la-libertad-religiosa-esta-amenazada-en-nicaragua/ (consultado 10 de septiembre de 2022).

- No respondes con palabras ásperas cuando tus vecinos se burlan de tu fe en Cristo y hablan tras tus espaldas del «santurrón» que eres.
- Oras con un paciente que atiendes en la clínica donde trabajas, sabiendo que habrá consecuencias negativas si tu jefe se entera.
- Sufres soledad porque sigues comprometido con la pureza sexual que Dios espera de ti.
- Luchas con un fuerte dolor emocional porque permaneces firme en no recurrir a las drogas que antes tomabas para anestesiar tus sentimientos depresivos.
- No abandonas tu llamado ministerial, a pesar de la escasez financiera que te causa.[6]

En cada una de estas «diversas pruebas», sufres penas, pérdidas y hasta persecuciones por Cristo, porque lo amas y sufres por Él. Sin embargo, en lo que sufres *por* Cristo, ¿sufres *como* Cristo? Hago la pregunta porque es posible sufrir *por* Cristo sin sufrir *como* Cristo. A veces sufrimos como *víctimas* sumidas en la autocompasión. O sufrimos por Cristo y nos convertimos en *vengadores*, hirviendo de rabia y buscando cómo hacer sufrir a los que nos hicieron sufrir. El apóstol Pedro nos hablará de sufrir por Cristo como *vencedores*, es decir, sufrir *como* Cristo: «Si alguno padece *como cristiano*, no se avergüence, sino glorifique a Dios por ello» (1 Pedro 4:16). Entonces, ¿qué significa sufrir como Cristo? Antes de ver la respuesta de Pedro, remontémonos al contexto histórico en el que escribe.

Trasfondo histórico de la carta de 1 Pedro[7]

En la noche del 18 de julio del año 64 d.C., estalló un incendio en la ciudad de Roma que duró seis días y consumió más de la mitad de la ciudad. Muchos sospechaban que el joven emperador romano Nerón

---

6. Algunos ejemplos tomados de John Onwuchekwa, *Prayer: How Praying Together Shapes the Church* (Wheaton, IL: Crossway, 2018), 66.

7. Véase también el Apéndice 2: Plinio y los enemigos del estado.

había prendido fuego a la ciudad como parte de su plan ambicioso para renovar algunos sectores deteriorados de Roma.[8] Pero cuando la población reaccionó negativamente y reclamó el castigo de los responsables, Nerón les echó la culpa a los cristianos, acusándolos de ser malhechores y enemigos del Imperio romano. Se desataron represalias crueles contra los cristianos, como las que describe el historiador romano Tácito.

> La muerte [de los cristianos] se volvió una especie de entretenimiento. Los vestían de pelajes de animales para ser desmembrados por perros salvajes. Los fijaron en cruces a las cuales prendían fuego para que sirvieran de antorchas humanas. Nerón prestaba su jardín privado para tales espectáculos.[9]

Los destinatarios de la primera carta de Pedro vivían lejos de Roma, en las provincias de Ponto, Galacia, Capadocia, Asia y Bitinia (1 Pedro 1:1), pero Pedro ya sabía que la distancia no los salvaría de la persecución. Cualquier medida anticristiana que se tomara en Roma llegaría pronto a esas provincias por medio de sus gobernadores romanos (los procónsules). Además, la actitud negativa generalizada hacia los seguidores de Cristo permitiría que las autoridades locales hicieran la vista gorda de toda clase de injurias, opresión, discriminación y violencia practicadas contra los creyentes. Escribiendo desde Roma (llamada «Babilonia» en 1 Pedro 5:13),[10]

---

8. En línea: https://biteproject.com/la-persecucion-de-neron/. Muchos creen que Nerón era el responsable del incendio, pero otros historiadores consideran insuficiente la evidencia. Nerón llegó al poder en el año 54 d.C. a los 16 años de edad. Tenía 26 años cuando sucedió el gran incendio de Roma y se quitó la vida el 9 de junio, 68 d.C. a la edad de 30.

9. *New International Bible Dictionary*, eds. J. D. Douglas y Merrill C. Tenney, s.v. «Nero» (Grand Rapids, MI: Zondervan, 1987), 703, citando Tácito, *Anales V*: 15.44. Véase también Adam Hamilton, *Simon Peter: Flawed but Faithful Disciple* (Nashville, TN: Abingdon, 2018), 153, 155.

10. La mayoría de los comentaristas creen que el nombre «Babilonia» es una referencia metafórica a la ciudad de Roma, pero es posible que Pedro se encontrara en la ciudad antigua de Babilonia evangelizando y pastoreando la población

¡SUFRIMIENTO!

Pedro —siempre el pastor de los corderos de Jesús— llama a los creyentes a sufrir *como* Cristo:

> Mas si haciendo lo bueno sufrís, y lo soportáis, esto ciertamente es aprobado delante de Dios. Pues para esto fuisteis llamados; porque también Cristo padeció por nosotros, *dejándonos ejemplo, para que sigáis sus pisadas* (1 Pedro 2:20-21).

La palabra «ejemplo» que Pedro usa en el versículo 21 se refería en los tiempos bíblicos a un documento abecedario que ayudaba a los principiantes a dibujar bien las letras del alfabeto. De la misma manera, el Señor Jesús es y será tu Abecedario vivente en medio de lo que sufres por Él. Entonces, ¿qué hacemos para seguir las pisadas de Cristo en nuestro sufrimiento por Él? De Pedro aprendemos cuatro principios para sufrir como Cristo.

1. ¡No te dejes sorprender por el sufrimiento!

Ningún discípulo de Cristo debe sorprenderse si sufre penas y pérdidas por su fe en Cristo. Pedro nos recuerda:

> Amados, no os sorprendáis del fuego de prueba que os ha sobrevenido, como si alguna cosa extraña os aconteciese (1 Pedro 4:12).

Sería sorprendente —y hasta alarmante— si *no* sufriéramos nada por nuestra fe en Jesús, pues Él mismo nos advierte: «El siervo no es mayor que su señor. Si a mí me han perseguido, también a vosotros os perseguirán» (Juan 15:20). Los que siguen a Cristo, sufrirán como Cristo sufrió.

---

numerosa de judíos que vivían ahí (F. B. Meyer, *Peter*, 136-37). No se sabe la fecha exacta de la epístola de 1 Pedro. La referencia al «fuego de prueba» en 1 Pedro 4:12 es una evidencia para una fecha no mucho después de julio del año 64 d.C. La fecha tradicional para el martirio de Pedro es el año 66 d.C., y es razonable creer que Pedro escribió sus dos cartas entre los años 64 y 66 d.C.

Sin embargo, en muchas ocasiones nos dejamos sorprender por el sufrimiento, porque hemos creído la «propaganda cristiana» que nos promete una vida coronada de éxito personal, seguridad financiera, satisfacción sexual, prosperidad empresarial y sueños cumplidos de felicidad familiar. Sorprendidos así en lo que sufrimos por Cristo, seremos devorados por la desorientación y la desilusión que caracterizan el rugir del diablo (1 Pedro 5:8).

Sería sorprendente —y hasta alarmante— si no sufriéramos nada por nuestra fe en Jesús... Los que siguen a Cristo, sufrirán como Cristo sufrió.

Pedro nos llama a *resistir* el rugir de Satanás y *recordar* los «padecimientos que se van cumpliendo en nuestros hermanos en todo el mundo» (1 Pedro 5:9). Una de las mejores maneras de seguir el consejo de Pedro es por medio de la disciplina espiritual de interceder por nuestros hermanos que sufren persecuciones por Cristo. Toma ahora mismo unos minutos para interceder por tus hermanos que sufren por su fe en Jesucristo, recordando que:

- en la república de Mauritania, es ilegal convertirse a otra religión (que no sea el islam);
- en Yemen, los creyentes sufren exilio o muerte si se descubre su fe en Cristo;
- en Pakistán, las jóvenes cristianas viven bajo el riesgo continuo de ser secuestradas, violadas y obligadas a «casarse» con sus secuestradores;
- en países como China, Turkmenistán y Argelia, las autoridades llevan a cabo campañas de persecución para encarcelar a creyentes y clausurar iglesias;[11]

---

11. *Puertas Abiertas*, https://www.puertasabiertas.org/es-ES/ (consultado 10 de septiembre de 2022).

- en Myanmar, un pastor bautista influyente fue sentenciado a una condena de seis años por haber dirigido una reunión desde la aplicación Zoom, donde exhortó a los cristianos jóvenes a «edificar la nación en Cristo».[12]

2. Haz el bien a los que te hacen mal

Para sufrir *como* Cristo —y no solo *por* Cristo—, hemos de hacer bien a los que nos hacen mal. Una y otra vez, Pedro nos llama a acallar a los que nos hacen sufrir por medio de hacerles el bien.

Porque esta es la voluntad de Dios: que *haciendo bien*, hagáis callar la ignorancia de los hombres insensatos (1 Pedro 2:15; véanse también 1 Pedro 2:12, 20; 3:11, 13-14, 16-17; 4:19).

El autor Philip Yancey relata una anécdota que ilustra la oportunidad para hacer el bien a los que nos hacen mal:

> Una amiga mía trabajaba en un centro de consejería para mujeres embarazadas. Siendo una católica comprometida, ella les aconsejaba a las mujeres que se decidieran en contra del aborto y que le permitieran buscar padres adoptivos para sus bebés. Ya que el centro estaba cerca de una universidad grande, se hacían frecuentemente manifestaciones a favor del aborto en frente del centro.
>
> En una mañana fría y nevada, llegó un grupo de manifestantes. Mi amiga no hizo ningún intento por defenderse con palabras ni tampoco hizo llamadas a los agentes se seguridad. Al contrario, mandó a pedir café y donas que ella misma repartía entre los manifestantes, diciéndoles:

---

[12]. Se trata del pastor Hkalam Samson. En línea: https://www.christianitytoday.com/news/2023/march/myanmar-christian-baptist-kachin-arrested-pastor.html?utm_source=CT+Daily+Briefing+Newsletter&utm_medium=Newsletter&utm_term=11362&utm_content=12795&utm_campaign=email.

«Entiendo que no estamos de acuerdo en este asunto, pero los respeto como personas y sé que no es nada agradable estar aquí aguantando el frío toda la mañana. Se me ocurrió que les gustaría tener algo que comer». Los manifestantes quedaron atónitos. Mascullaban unas palabras de agradecimiento, pero algunos se negaron a tomar el café, pensando que quizá ella le había echado veneno.[13]

Para sufrir como Cristo… hemos de hacer bien a los que nos hacen mal.

Aunque no tengas esta clase de oportunidad para hacer bien a los que te hacen sufrir por tu fe en Cristo, todos tenemos oportunidades como las que describe Pedro en su carta.

1. Puedes respetarlos a todos, aunque te falten el mismo respeto e intenten amedrentarte (1 Pedro 2:17; 3:14).
2. Puedes dar el ejemplo de cómo trabajar con excelencia en tu vocación o profesión, aunque tu jefe sea «difícil de soportar» y no te recompense con justicia (1 Pedro 2:18-19).
3. Puedes perseverar en vivir como esposa virtuosa y temerosa de Dios, aunque tengas un esposo inconverso que no siga a Cristo (1 Pedro 3:1-6). De igual manera un esposo puede vivir sabiamente con su esposa, dándole honor como a vaso más frágil, aunque ella no responda a su trato considerado ni a las oraciones que hace por ella (1 Pedro 3:7).
4. Puedes demostrarles a tus viejos amigos cómo Cristo te ha transformado, aunque te desprecien por no seguir con ellos en los vicios de antes (1 Pedro 4:3-4).
5. Puedes devolver palabras de bendición por palabras de maldición (1 Pedro 3:9).

---

13. Philip Yancey, *Gracia divina vs. Condena humana* (Miami, FL: Vida, 1998), 316-17.

6. Puedes demostrar que respetas a las autoridades públicas e instituciones cívicas, aunque sean corruptas y antagónicas a tu persona y tu fe en Cristo (1 Pedro 2:13-14, 17).[14]

En resumen, según 1 Pedro 2:12:

> [Mantengáis] buena vuestra manera de vivir entre los gentiles; para que en lo que murmuran de vosotros como de malhechores, glorifiquen a Dios en el día de la visitación, al considerar *vuestras buenas obras*.[15]

Ya lo sé. No nos gusta leer esto. Parece promover la pasividad y sumisión servil que han facilitado una cultura de aprovechamiento y abuso en muchas partes de América. Pero Pedro no está proponiendo que un creyente se someta al abuso físico, sexual o emocional de una persona más poderosa. No aboga por la renuncia a nuestros derechos civiles, ni tampoco aconseja el silencio ante proyectos de ley que denigran los valores bíblicos o prohíben la libertad de culto, del evangelismo o de la educación teológica. Lo que Pedro propone no es *la pasividad*, sino *el protagonismo* al bendecir a los enemigos en el nombre de Jesucristo. Propone lo que aprendió de Jesús mismo:

> Amad pues a vuestros enemigos, y *haced el bien*, y prestad, no esperando de ellos nada; y será vuestro galardón grande, y seréis hijos del Altísimo; porque él es benigno para con los ingratos y malos (Lucas 6:35).

---

14. El número de veces que Pedro menciona los insultos, las calumnias (murmuración), la maldición, el desprecio y la vituperación sugiere un nivel alto de ataque verbal contra los creyentes en Cristo. Se ve cada vez más el mismo fenómeno en las críticas contra la iglesia por sus posturas en asuntos como el aborto, el matrimonio gay y los temas de género.

15. Pedro está parafraseando la enseñanza de Jesús en Mateo 5:16: «Así alumbre vuestra luz delante de los hombres, para que vean vuestras buenas obras, y glorifiquen a vuestro Padre que está en los cielos».

Solo así —en el *protagonismo* de bendecir a los que nos hacen sufrir—, podemos sufrir como Cristo, quien devolvía bien por mal, quien no se vengaba contra los que lo insultaban, y quien «dejaba su causa en manos de Dios, quien siempre juzga con justicia» (1 Pedro 2:23, NTV).

3. Aprovecha tu sufrimiento para odiar más el pecado

¿Te sorprende la conexión entre lo que sufres por Cristo y odiar más el pecado? Considera las palabras de Pedro: «Puesto que Cristo ha padecido por nosotros en la carne, vosotros también *armaos* del mismo pensamiento; pues quien ha padecido en la carne, terminó con el pecado» (1 Pedro 4:1). ¿Quiere decir Pedro con la frase «terminó con el pecado» que si sufrimos por Cristo, ya no pecaremos más? No. Lo que quiere decir es que si sufrimos por Cristo, el pecado se nos volverá más odioso.

Si sufrimos por Cristo, el pecado se nos volverá más odioso.

Déjame explicarlo así. Dos soldados comparten la misma trinchera en el campo de batalla. En un feroz ataque del enemigo, uno de los soldados sacrifica su vida por el otro. A la luz de la valentía del que se sacrificó, ¿no se volverá sumamente odiosa la cobardía a los ojos del que se salvó? ¿No detestará más que nunca la cobardía en cualquier forma? ¿No se consagrará a pelear con la misma valentía del amigo que se sacrificó por él?

Si sigues a Cristo y sufres por Él, compartes la misma trinchera con Él. Cada día fijas tu mirada en la cruz donde Cristo entregó su vida por ti: para lavarte, salvarte, santificarte y hacerte suyo para siempre. Se te vuelve sumamente odioso el pecado, porque vives en comunión estrecha con Cristo. ¿Se te ha vuelto el pecado sumamente odioso? Si te asedia la tentación de pensar: *Quizá podré evitar sufrir por Cristo si me conformo más a los que me rodean*, ¡recuerda con quién compartes la trinchera! En las palabras de Pedro: «Baste ya el tiempo pasado para haber hecho lo que agrada a los gentiles, andando en lascivias,

¡SUFRIMIENTO!

concupiscencias, embriagueces, orgías, disipación y abominables idolatrías» (1 Pedro 4:3).

4. Gózate en la bienaventuranza que será tuya

Desde el comienzo de su ministerio, el Señor Jesús prometía la bienaventuranza para los que sufrían por Él, como Él y con Él:

> *Bienaventurados* sois cuando por mi causa os vituperen y os persigan y digan toda clase de mal contra vosotros, mintiendo. Gozaos y alegraos, porque vuestro galardón es grande en los cielos; porque así persiguieron a los profetas que fueron antes de vosotros (Mateo 5:11-12).

Ahora afirma Pedro la misma promesa en su carta: «Si sois vituperados por el nombre de Cristo, sois *bienaventurados*, porque el glorioso Espíritu de Dios reposa sobre vosotros», como reposaba sobre los profetas y sobre Cristo mismo (1 Pedro 4:14). Reposará sobre ti también cada vez que hagas bien en el nombre de Cristo —demostrando cómo Él es y cómo respondería— delante de un esposo insensible, un jefe insoportable, los amigos endurecidos, las autoridades corruptas y una cultura antagónica.[16] Según Pedro, sufrir con Cristo no es lo contrario de la bendición, sino la oportunidad para experimentar la bienaventuranza en el

Sufrir con Cristo no es lo contrario de la bendición, sino la oportunidad para experimentar la bienaventuranza en el coliseo cotidiano, donde Cristo se pone a tu lado para ayudarte a vencer las bestias del mal.

---

16. La inmoralidad y disolución de Nerón llegaron a niveles tan perversos, que le daban «fama» por todo el Imperio. *New International Bible Dictionary*, s.v. «Nero», 703.

coliseo cotidiano, donde Cristo se pone a tu lado para ayudarte a vencer las bestias del mal.

La gracia de Dios en tu sufrimiento

Te vuelvo a preguntar: ¿Estás sufriendo por Cristo y como Cristo? ¿Te sientes abrumado por tu sufrimiento? ¿Crees que no hay ninguna salida para ti? ¿Parece seguro que tus enemigos acabarán contigo? Te invito a meditar otra vez en estas palabras de Pedro:

> Mas el Dios de toda gracia, que nos llamó a su gloria eterna en Jesucristo, después que hayáis padecido un poco de tiempo, *él mismo* os perfeccione, afirme, fortalezca y establezca (1 Pedro 5:10).

Me pregunto si Pedro, al escribir estas palabras, vuelve a pensar en aquel momento en que Herodes Agripa no había escatimado ninguna medida para darle muerte. Después de haber decapitado a Jacobo, Herodes prende a Pedro y lo mete en la cárcel con el fin de matarlo después de la pascua (Hechos 12:1-5). No hay ninguna posibilidad humana de que Pedro se salve de las manos de Herodes:

- Había cuatro grupos de cuatro soldados custodiando a Pedro.
- Pedro estaba encadenado a dos soldados mientras dormía entre ellos.
- Había guardas puestas delante de la puerta de la cárcel.
- Había una gran puerta de hierro que separaba la cárcel de la calle.
- Todo soldado sabía que pagaría con su vida si Pedro era liberado de la cárcel (Hechos 12:4-6, 10).[17]

---

17. Las medidas extremas sugieren que Herodes anticipaba un posible ataque de los cristianos para liberar a Pedro o que sabía de la ocasión anterior en la que Pedro y los discípulos fueron rescatados milagrosamente de la cárcel por un ángel del Señor (Hechos 5:18-21).

¡SUFRIMIENTO!

«Pero la iglesia hacía sin cesar oración a Dios por él [Pedro]» (Hechos 12:5). Y respondió el Dios de toda gracia, el que se ríe de los reyes de la tierra. Dios envía su ángel, un ministro misterioso, quien despierta a Pedro, pero hace dormir a los soldados. El ángel abre las puertas de hierro para liberar a Pedro, pero las cierra para encarcelar a los soldados perplejos y dejarlos condenados a la muerte que Herodes había planificado para el pastor de las ovejas de Jesús.

¿No te parece irónico? El discípulo que reprendió a Jesús por hablar de sus padecimientos venideros ahora es el discípulo que sufre los mismos padecimientos que Jesús, sin renegar. El que se durmió por el agotamiento emocional catorce años antes en el huerto de Getsemaní, ahora es un ejemplo vivo de las palabras del Salmo 3:5-6:

> Yo me acosté y dormí,
> Y desperté, porque Jehová me sustentaba.
> No temeré a diez millares de gente
> Que pusieron sitio contra mí.

Antes Pedro no podía velar ni una hora en oración, pero ahora toda la iglesia se desvela orando que Dios haga un milagro de «resurrección», para restaurarles al que los cuida en el nombre del Señor Jesús.

Pedro practica en Hechos 12 lo que más tarde compartirá con los que sufren bajo las persecuciones de Nerón.

> Humillaos, pues, bajo la poderosa mano de Dios, para que él os exalte cuando fuere tiempo; echando toda vuestra ansiedad sobre él, porque él tiene cuidado de ti (1 Pedro 5:6-7).

¿Lo harás tú? En medio de lo que sufres por Cristo, Dios te invita a echar sobre Él *toda* tu ansiedad, porque promete que te exaltará cuando fuere tiempo —ahora mismo o en la gloria de la eternidad con Cristo—. En las palabras de Justin Burkholder:

El sufrimiento resulta en una fe genuina y sincera, y demuestra que Cristo, el objeto de tu fe, es suficiente para sostenerte en medio de la dificultad. Aun en el sufrimiento, Dios es por nosotros y está con nosotros.[18]

No te faltará nunca ni una sola partícula de la gracia sustentadora de Dios, porque Él te tiene reservada en el cielo una «herencia incorruptible, incontaminada e inmarcesible» (1 Pedro 1:4).

Conclusión

El apóstol Pedro conoce qué es sufrir por Cristo, como Cristo y con Cristo. En sus años de servir a su amado Amigo y Señor Jesús, Pedro sufrió arrestos y amenazas, intimidaciones y prisiones, azotes corpóreos y presiones pastorales (Hechos 4:1-22; 5:17-42; 12:1-17). Después de ser liberado de las manos del rey Herodes, pasa sus últimos veinte años en «exilio» de Jerusalén, sirviendo como misionero emigrante-itinerante en muchas partes del Imperio romano. Al final de su vida, sabiendo que se ha encendido la mecha de las persecuciones ardientes de Nerón, Pedro se dirige a Roma para pastorear los corderos de Jesús. El hombre de piedra sabe qué significa encomendar su causa al que juzga justamente (1 Pedro 2:23).

> *Según Pedro, la alegría y el sufrimiento no son polos opuestos en tu experiencia con Cristo, sino que representan dos caras de la misma moneda.*

Lo que encuentro interesante es que Pedro no intenta explicar el misterio de por qué algunos sufren más o menos que otros. No intenta explicar por qué murió martirizado su querido compañero Jacobo, mientras que él fue liberado de la cárcel por la intervención milagrosa

---

18. Justin Burkholder, *Quiero cambiar* (Nashville, TN: B&H Español, 2020), 132.

¡SUFRIMIENTO!

de Dios. Más bien, Pedro enfatiza *por* Quién sufrimos y *como* Quién debemos sufrir. ¿Estás sufriendo por Cristo y como Cristo? Pedro te recuerda: «Gozaos por cuanto sois participantes de los padecimientos de Cristo para que también en la revelación de su gloria, *os gocéis con gran alegría*» (1 Pedro 4:13). Según Pedro, la alegría y el sufrimiento no son polos opuestos en tu experiencia con Cristo, sino que representan dos caras de la misma moneda. En el crisol del sufrimiento, compartes la gloria de Aquel que te ama mejor que cualquier otro. Comenta Frank J. Matera:

> La cristología de 1 Pedro es una cristología de sufrimiento… Los padecimientos pasados de Cristo son la condición presente de los creyentes, mientras que la gloria presente de Cristo es la gloria futura de los que siguen las pisadas del Cristo sufriente.[19]

Cualquier sufrimiento que atravieses —ya sea el ceño fruncido de un vecino o el martirio en Irak—, lo vivirás siguiendo las pisadas de Cristo. Compartirás la trinchera con Él en su misión y compartirás el trono con Él en su reino. La carta que Karen Watson dejó en manos de los ancianos concluye con estas palabras memorables:

> El corazón de un misionero ama más de lo que otros consideran sabio, arriesga más de lo que otros consideran prudente, sueña más de lo que otros consideran realista, y espera más de lo que otros consideran posible.

Creo que Pedro agregaría «y traerá mucha alabanza, gloria, y honra en el día que Jesucristo sea revelado a todo el mundo» (1 Pedro 1:7, NTV).

---

19. Frank J. Matera, *New Testament Christology* (Louisville, KY: Westminster John Knox, 1999), 184.

Guía de estudio

Capítulo 10: **¡Sufrimiento!**

Resumen del capítulo

Compartiremos con Cristo la gloria de sufrir con Él, solo si sufrimos *como* Él.

Para comenzar

¿Estás sufriendo por tu fe en Cristo? ¿Cómo? En lo que sufres por Cristo, ¿cómo puedes sufrir como Cristo?

Preguntas para contestar

1. ¿Cuáles son algunas maneras comunes en que sufrimos por Cristo porque nos mantenemos firmes en obedecerlo?
2. El autor cree que es posible sufrir *por* Cristo sin sufrir *como* Cristo. ¿Es posible eso? ¿Puedes pensar en unos ejemplos?
3. ¿Qué aprendiste en este capítulo sobre el trasfondo de 1 Pedro y de qué manera te ayuda a identificarte con los creyentes que recibieron su primera epístola?
4. ¿Cuáles son algunas maneras en que Cristo es tu Abecedario viviente en medio de lo que sufres por Él?
5. ¿Nos sorprende sufrir por Cristo? ¿Cuáles son algunos factores que nos dejan desprevenidos para las experiencias de sufrimiento?
6. ¿Te está dando Dios la oportunidad para hacer bien a alguien que te hace mal? ¿De qué manera puedes hacer bien en el nombre de Cristo sin sacrificar tu testimonio para Cristo?
7. ¿Cuál es la relación que existe entre sufrir por Cristo y odiar el pecado?
8. Lee 1 Pedro 5:10. ¿Cuáles son algunas maneras en que «el Dios de toda gracia» te muestra gracia a ti para perfeccionarte, afirmarte, fortalecerte y establecerte en lo que sufres por Él?

9. Explica por qué el gozo en el sufrimiento por Cristo es más como dos caras de la misma moneda, que polos opuestos.

Para orar

- Pon delante de Dios una situación o una relación que te cause sufrimiento. Pide a Dios que te enseñe a sufrir como Cristo, y no solo por Cristo.
- Piensa en una persona que te trata con burla, menosprecio, rechazo u odio por razón de tu fe en Cristo. Ora por él o ella y pide a Dios que te muestre cómo hacerle bien con sabiduría.

Para meditar durante la semana

Medita en 1 Pedro 4 y 5, y apunta cuatro lecciones para tu vida en cuanto a cómo sufrir «como cristiano».

Dejemos la tristeza para el diablo y sus ángeles.
En cuanto a nosotros, no podemos menos que
regocijarnos y alegrarnos.

FRANCISCO DE ASÍS

No hay nada más santo que el corazón que se deleita en
Cristo y no hay nada más poderoso para transformar vidas.

MICHAEL REEVES[1]

¿En qué consiste la historia del gozo si no en la experiencia
plena del hombre con su Dios en Jesucristo?

WILLIAM MORRICE[2]

---

1. Michael Reeves, *Rejoicing in Christ* (Downers Grove, IL: InterVarsity, 2015), 86, 89.
2. William Morrice, *Joy in the New Testament* (Grand Rapids, MI: Eerdmans, 1985), 130.

¡Gozo!

Principio de Pedro #11:
Tu gozo en Cristo siempre estará en proporción a la gracia de Cristo que buscas, recibes, disfrutas y atesoras.

SON LAS 7 DE LA MAÑANA y tras el sonido de «bing», aparece en la pantalla de mi computadora un recordatorio automático: «Alégrate hoy en ser conformado a la imagen de Cristo». Aparece el mismo mensaje todos los días, *porque* lo necesito todos los días, *porque* tengo que luchar por el gozo todos los días. ¿Te encuentras también luchando por el gozo en medio de «ser afligido en diversas pruebas» (1 Pedro 1:7), pruebas que van desde la molestia de una filtración de agua en el baño, hasta la angustia de un hijo arrestado por tráfico de drogas; desde el estrés de la fecha tope para terminar un proyecto, hasta el agotamiento emocional por el conflicto constante con tu pareja? No estás solo en tu lucha por el gozo, pues la historia humana demuestra que no hay nada más buscado que el gozo, y no hay nada más difícil de encontrar.

¿Dónde y cómo encontrar el gozo?

Dios nos hizo para el gozo y el gozo para nosotros, pero ¿dónde y cómo lo encontramos? Los hedonistas —tanto los contemporáneos como los antiguos— buscan el gozo en los placeres y la satisfacción desenfrenada de sus deseos. Los estoicos —tanto los contemporáneos como los antiguos— buscan el gozo en la belleza de la ética que practican y su dominio sobre las «pasiones» que podrían perjudicarla. Los posmodernistas buscan el gozo en estrategias personales para alcanzar la felicidad en cualquier circunstancia. Una búsqueda en Google sobre el tema de «dónde encontrar la felicidad» ofrece consejos tales como: aprender a aceptarte a ti mismo, dejar de culparte, dejar las quejas y renunciar a las críticas, no insistir en tener la razón, sonreír más, practicar la gratitud y la positividad, hacer cosas que te gustan, disfrutar de las cosas pequeñas, identificar y alcanzar tus metas, y salir de tu zona de confort.[3]

El gozo inefable y glorioso depende de buscar, recibir, disfrutar y atesorar las excelencias de Jesucristo mismo.

La respuesta del apóstol Pedro a la búsqueda del gozo es radicalmente distinta. Dirigiéndose a los creyentes que *nunca* habían visto a Jesús, Pedro se atreve a invitarlos a encontrar en Cristo el gozo indescriptible:

> A quien amáis sin haberle visto, en quien creyendo, aunque no lo veáis, os alegráis con gozo inefable y glorioso (1 Pedro 1:8).

El gozo «inefable» es un gozo en Cristo, que va más allá de nuestra capacidad de describirlo. El gozo «glorioso» se refiere al gozo que nos hace saltar de alegría *ahora* por la inmensidad de la gloria *futura* que Cristo compartirá con nosotros en su reino eterno.

Quizá pienses: *Si yo hubiera visto a Jesús de cerca —como Pedro lo vio—, podría experimentar más de este gozo inefable y glorioso del que Pedro habla*. Pero Pedro mismo te diría lo contrario: el gozo inefable

---

3. Son unos «tips» que encontró el autor al escribir en Google la frase: «cómo encontrar la felicidad». Si uno cambia la búsqueda a la frase «cómo encontrar el gozo», aparecen muchos sitios con un enfoque cristiano.

y glorioso en Jesucristo *nunca* depende de la vista física, pues ¡muchos vieron a Jesús físicamente y, sin embargo, lo despreciaron y lo desecharon!, tal como profetizó Isaías (Isaías 53:3). El gozo inefable y glorioso depende de buscar, recibir, disfrutar y atesorar las excelencias de Jesucristo mismo. Jonathan Edwards dijo:

> Cristo Jesús tiene una excelencia tan grande que cuando el alma llega a verla, deja de buscar… Ve en Él una gloria trascendental y una dulzura inefable. Ve que hasta ahora, ha estado persiguiendo sombras, pero que ahora ha encontrado la sustancia. Antes buscaba felicidad en un arroyo, pero ahora la encontró en un océano…[4]

En demasiadas ocasiones, pasamos la vida buscando la felicidad en un arroyo —ya sea en el placer del hedonismo, la ética del estoicismo o la felicidad del posmodernismo—. No sabemos cómo «nadar» en el océano de las excelencias de Cristo, como explica Michael Reeves en su libro *Rejoicing in Christ* [Regocíjate en Cristo]:

> Por medio del evangelio, el Espíritu nos ha abierto los ojos para ver no solamente que Cristo es *la verdad*, sino más: que Cristo es *glorioso*. Precioso, deseable, cautivador, agradable y deleitoso. El gozo siempre viene por medio de encontrar la belleza, y en Cristo se encuentra la belleza más sublime.[5]

Aquí vale una pequeña lección del griego del Nuevo Testamento. En griego, la palabra *charis* significa «gracia» y la palabra *chara* significa «gozo». Las dos palabras —gracia y gozo— comparten la misma raíz: *char-*.[6] Son palabras cognadas en el griego, un hecho que nos

---

4. Jonathan Edwards, «Contentamiento», *Portavoz de la Gracia*, n.º 37 (Chapel Library, sin fecha), 28, 25.
5. Reeves, *Rejoicing in Christ*, 121 (énfasis en el original).
6. La palabra «regocijarse» en griego es *chairó* y comparte la misma raíz que «gracia» y «gozo».

proporciona una gran verdad: el gozo sobrenatural brota de nuestra experiencia de la gracia sobrenatural de Cristo.[7] El gozo no brota solamente de nuestra *creencia* en la gracia de Cristo, sino de la fe en Él, que nos lleva a buscar, recibir, disfrutar y atesorar la gracia que nos ofrece, con la misma liberalidad que un manantial ofrece agua fresca. ¿Deseas encontrar más gozo (*chara*) en Cristo? ¡Busca más gracia (*charis*) en Cristo! Pero ¿cómo? Déjame compartirte cuatro maneras prácticas que Pedro nos muestra en sus cartas para buscar, recibir, disfrutar y atesorar la gracia de Cristo.

1. Gózate cada día en la maravilla de tu salvación en Cristo

Se irá disipando el gozo de nuestra salvación si la recordamos solo como un «suceso» pasado, que sucedió cuando hicimos nuestra profesión de fe en Cristo. La salvación no es un suceso, sino una vida —una vida de naturaleza divina en Cristo, que durará por toda la eternidad—. Pedro escribe:

> Mediante su divino poder, Dios nos ha dado todo lo que necesitamos para llevar una vida de rectitud. Todo esto lo recibimos al llegar a conocer a aquel [Cristo] que nos llamó por medio de su maravillosa gloria y excelencia; y debido a su gloria y excelencia, nos ha dado grandes y preciosas promesas. Estas promesas hacen posible que ustedes participen de la naturaleza divina y escapen de la corrupción del mundo, causada por los deseos humanos (2 Pedro 1:3-4, NTV).[8]

---

7. *New International Dictionary of New Testament Theology* vol. 2, ed. Colin Brown, s.v. Χαίρω (Grand Rapids, MI: Zondervan, 1976), 356. Los salmistas exhortan a los justos a alegrarse y gozarse en el Señor en pasajes como Salmos 32:11; 33:1; 34:2; 64:10; 66:1-4; 67:4; 95:1; 96:1-2; 97:1-2; 98:1-3; 100:1-2. En estos pasajes y muchos otros del Antiguo Testamento, la alegría brota del corazón que ha experimentado la majestad de la gracia de Dios y sus maravillas.
8. Lo más probable es que «aquel» se refiere a Cristo. Véase por ejemplo Richard J. Bauckham, *Jude, 2 Peter*, Word Biblical Commentary, vol. 50, eds. David A. Hubbard y Glenn W. Barker (Waco, TX: Word Books, 1983), 178.

Becket Cook era un escenógrafo destacado en Hollywood que trabajaba con algunas de las estrellas más luminosas del mundo del cine. Recuerda Becket: «Esta era la vida que yo siempre quería, con amigos famosos y experiencias extraordinarias. Pensamos en dos cosas y solo dos cosas: el éxito en nuestra carrera y el éxito en nuestras relaciones románticas», las cuales eran de naturaleza gay en el caso de Becket.⁹ Si Becket Cook hubiera pensado en Dios, quizá hubiera creído: «¡Dios me detesta por ser un hombre gay, y si me acerco a Él, me quitará toda la felicidad que encuentro en mis relaciones con otros hombres!». Pero un día, un amigo invitó a Becket a acompañarlo a la iglesia. A pesar de sus dudas, accedió a ir, entendió el evangelio y descubrió un gozo que no creía que fuera posible:

> *Se irá disipando el gozo de nuestra salvación si la recordamos solo como un «suceso» pasado.*

> Sentía una mezcla de tristeza aguda y alegría increíble: tristeza por mi pecado y alegría por haber conocido a Jesucristo... Sentí que un caudal inmenso de amor estaba siendo derramado en mi corazón. Me quedé pasmado... Me inundaron un amor intenso y una paz que no había experimentado nunca en toda mi vida.¹⁰

¿Fue el gozo de Becket Cook algo pasajero que experimentó solo en el momento de su conversión a Cristo? No. En uno de sus videos de YouTube, Becket habla de cómo su vida con Cristo le ha dado un gozo que él compara con una «capa de roca» —permanente, impenetrable e inquebrantable—, que protege su corazón

---

9. Becket Cook, *A Change of Affection: A Gay Man's Incredible Story of Redemption* (Nashville, TN: Nelson, 2019), 77.
10. Cook, *A Change of Affection*, 21-22.

en medio del estrés y los desafíos que enfrenta en su ministerio a la comunidad LGBTQ.[11] En tu salvación en Cristo, ¿tienes gozo como una «capa de roca» permanente, impenetrable e inquebrantable que protege tu corazón? La felicidad humana no es mala, ¡pero sí es pasajera! Quizá te sientes feliz hoy, porque te enamoraste de un joven guapo. O te sientes feliz hoy, porque te han ascendido y han aumentado tu sueldo. O te sientes feliz hoy, porque estás de paseo en la playa con unos amigos que te quieren mucho. ¡Qué bien! Podemos disfrutar los momentos felices, aun sabiendo que se evaporarán tan pronto como la lluvia que cayó ayer en el desierto. La pregunta del millón es: ¿Tu gozo en Cristo es como una «capa de roca»? Observa acertadamente Nicolás Tranchini:

La felicidad humana no es mala, ¡pero sí es pasajera!

> La belleza de Cristo cambia los afectos de nuestro corazón. Verle a él y disfrutar de lo que él ha hecho por nosotros es el *motivador*, es el *motor*, es el *fuego* que derrite nuestro egoísmo y cautiva lo más profundo de nuestro ser, de modo que, después de verlo, nuestro mayor gozo sea vivir para él.[12]

2. Gózate en tu comunión con Cristo en el Espíritu Santo

Tener gozo inefable y glorioso en Cristo sin haberlo visto o sin verlo físicamente a nuestro lado *no* significa que no podamos «verlo». Jesucristo está vivo, y el teólogo J. I. Packer explica cómo el Espíritu Santo propicia y empodera nuestro «ver» a Cristo:

---

11. Beckett Cook, «How much joy can you have?» (¿Cuánto gozo se puede tener?), episodio n.º 35, https://www.youtube.com/watch?v=mX-mw4fuH-0 (29 de julio de 2021). Beckett Cook hizo el video unos 12 años después de su conversión a Cristo.

12. Nicolás Emilio Tranchini, *Cambios profundos: cuando el evangelio transforma los deseos del corazón* (Barcelona: CLIE, 2019), 142-143 (énfasis original).

¡GOZO!

Es como si el Espíritu estuviera detrás de nosotros echando luz sobre Jesús, quien nos mira de frente. El mensaje del Espíritu nunca es: «Mírame a mí, escúchame a mí, ven a mí, conóceme a mí», sino: «Míralo a Él y ve su gloria, escúchalo a Él y oye su palabra, ve a Él y recibe su vida, conócelo a Él y saborea el regalo de su gozo y paz».[13]

El Espíritu Santo se vale de disciplinas espirituales, tales como la meditación bíblica, la oración, la soledad y el ayuno, para «echar luz sobre Jesús». De hecho, las disciplinas espirituales deben ser entendidas y practicadas como «disciplinas de gozo». Toma nota de cómo los autores bíblicos conectan el gozo y la alegría, con la comunión con Dios que facilita las disciplinas espirituales.

- «¡Oh, cuánto amo yo tu ley! Todo el día es ella mi meditación» (Salmo 119:97, meditación bíblica).
- «¡Cuán dulces son a mi paladar tus palabras! Más que la miel a mi boca» (Salmo 119:103, meditación y estudio bíblico).
- «En tu presencia hay plenitud de gozo; delicias a tu diestra para siempre» (Salmo 16:11, oración y adoración).
- «Hasta ahora nada habéis pedido en mi nombre; pedid, y recibiréis, para que vuestro gozo sea cumplido» (Juan 16:24, petición en el nombre de Jesús).
- «Siempre en todas mis oraciones rogando con gozo por todos vosotros» (Filipenses 1:4, intercesión por otros creyentes).
- «Alegraos en Jehová y gozaos, justos; y cantad con júbilo todos vosotros los rectos de corazón» (Salmo 32:11, confesión de pecado y perdón).
- «Pero tú, cuando ayunes, unge tu cabeza y lava tu rostro» (Mateo 6:17, el ayuno).

---

13. J. I. Packer, *Keep in Step with the Spirit* (Old Tappan, NJ: Fleming Revell, 1984), 66. Se ven ejemplos de esta clase de comunión intensa en la experiencia de Esteban (Hechos 7:55-56), Pablo (Hechos 18:9-10 y 2 Timoteo 4:16-18), y Juan (Apocalipsis 1:10-20).

- «Aclamad a Dios con alegría, toda la tierra. Cantad la gloria de su nombre; poned gloria en su alabanza» (Salmo 66:1-2, alabanza y adoración).
- «Grandes cosas ha hecho Jehová con nosotros; estaremos alegres» (Salmo 126:3, acción de gracias).
- «Gócense y alégrense en ti todos los que te buscan» (Salmo 70:4, disciplinas espirituales en general).

La práctica de las disciplinas espirituales ilumina nuestra mente y enciende nuestro corazón con alegría en las cosas que Dios nos ha preparado, cosas que «ojo no vio, ni oído oyó, ni han subido en corazón de hombre» (1 Corintios 2:9). El Espíritu Santo nos revela todas estas cosas porque, por medio de su obra, «tenemos la mente de Cristo» (1 Corintios 2:12, 16). Con razón afirma Ajith Fernando: «Disfrutar la intimidad con Cristo es la experiencia más dulce y gratificante de la vida. Quien entienda esto, estará dispuesto a perderlo todo a fin de profundizar esta intimidad».[14]

La práctica de las disciplinas espirituales ilumina nuestra mente y enciende nuestro corazón con alegría en las cosas que Dios nos ha preparado.

3. Gózate en compartir la gracia de Cristo con otros

Al escribir del gozo inefable y glorioso en Cristo, creo que Pedro recordó la promesa que Jesús les había hecho a sus discípulos cuando les habló de la figura de la vid y los pámpanos. Camino al huerto de Getsemaní, Jesús les dijo: «Yo soy la vid, vosotros los pámpanos; el que permanece en mí, y yo en él, este lleva mucho fruto» (Juan 15:5). Te pregunto: ¿Para quién es el mucho fruto que produce el pámpano? ¿Es

---

14. Ajith Fernando, *Un llamado al gozo y sufrimiento*, trad. Julio Vidal (Carol Stream, IL: Tyndale, 2009), 64.

para el pámpano? No. El pámpano no se come el fruto que produce, sino que lo da para alimentar a los hambrientos.

Ahora, te hago otra pregunta: ¿Disminuye el gozo del pámpano cuando da la abundancia de su fruto a los hambrientos? No. Así *se cumple* el gozo del pámpano como Jesús declaró: «Estas cosas [sobre la vid y los pámpanos] os he hablado para que mi gozo esté en vosotros, y *vuestro gozo sea cumplido*» (Juan 15:11). El Señor Jesús está prometiendo que el mismo gozo que Él tenía en ofrecer su vida al mundo como la Vid Verdadera de la vida verdadera, puede ser tuyo como pámpano. Tu gozo se cumple cuando alimentas a otros con el fruto que Cristo produce en ti (Juan 15:8).

En un artículo que se llama «Cómo encontrar más gozo en Dios», el autor John Piper habla de esta clase de gozo:

> Según Jesús, «más bienaventurado es dar que recibir» (Hechos 20:35). ¿Está diciendo realmente que es más bienaventurado, más feliz, más satisfactorio, más gratificante, más gozoso entregar mi vida, morir por los demás, sufrir por los demás, sacrificarse por los demás? *Sí*. ¿Quieres más gozo? Entonces muere por otros. Vive por otros…[15]

La gracia abundante que Cristo nos imparte como la Vid Verdadera debe convertirnos en dadores *alegres* de la misma gracia, «porque ya conocéis la gracia de nuestro Señor Jesucristo, que por amor a vosotros se hizo pobre, siendo rico, para que vosotros con su pobreza fueseis enriquecidos» (2 Corintios 8:9). Fuimos enriquecidos para enriquecer a los demás con la gracia de Cristo que buscamos, recibimos, disfrutamos y atesoramos. En ese espíritu, Pedro exhorta a la comunidad de fe a compartir libremente entre ellos la gracia que cada uno ha recibido de Cristo: «Cada uno según el don (literalmente, según la

---

15. John Piper, «Cómo encontrar más gozo en Dios?», Coalición por el Evangelio (23 de marzo de 2022), https://www.coalicionporelevangelio.org/articulo/encontrar-gozo-dios/.

dádiva de *gracia*) que ha recibido, *minístrelo a los otros* como buenos administradores de la multiforme gracia de Dios» (1 Pedro 4:10). Todos deben amarse unos a otros *entrañablemente* de corazón puro (1 Pedro 1:22), *fraternalmente* como hermanos de la misma familia (1 Pedro 3:8) y *fervientemente*, para cubrir cualquier ofensa que surja entre ellos (1 Pedro 4:8).[16] Así como practicantes de la gracia extravagante de la Vid Verdadera, nuestro endeble «*debo* servir a los demás» se convertirá en un apasionado «*deseo* servir a los demás».

4. Gózate hoy en tu esperanza de la gracia futura que será tuya

Como seres humanos, tendemos a poner nuestra esperanza en los hechos futuros que creemos que nos traerán gozo. Por ejemplo, pongo mi esperanza en que el equipo de fútbol de mi hija gane el campeonato regional, porque creo que ese triunfo nos traerá mucha felicidad como familia. Pongo mi esperanza en que el veterinario pueda salvar a nuestro querido perro labrador, porque creo que no podré aguantar no escuchar sus ladridos cariñosos con los que me saluda cada mañana. Pongo mi esperanza en que todo salga según mis planes para nuestra estadía en el pequeño hotel junto al mar, porque creo que merezco disfrutar unas vacaciones espectaculares.

Tu gozo se cumple cuando alimentas a otros con el fruto que Cristo produce en ti.

En estos tres ejemplos, tengo la esperanza de gozo *en el futuro*, pero *en el presente* tengo solo ansiedad y estrés. ¿Por qué? ¡Porque no es cierto que se cumplirán los eventos en los que puse mi esperanza! Por eso le grito al árbitro durante el partido de mi hija. ¿Ganará el campeonato el equipo de mi hija? Por eso me desespero cada vez que

---

16. La palabra traducida *fervientemente* es la palabra *ektenés*, cuya raíz nos da la palabra «tensión» y significa «extendido o estirado hasta el límite».

pienso en la posibilidad de perder a nuestra mascota. ¿Qué haré si muere? Por eso me siento molesto cuando reviso los cargos imprevistos del hotel y veo los nubarrones grises en el cielo. ¿Se echarán a perder mis vacaciones tan soñadas?

En cambio, el apóstol Pedro nos invita a gozarnos hoy en *la certeza presente* de la *gracia futura* que recibiremos de Jesucristo: «Por tanto, ceñid los lomos de vuestro entendimiento, sed sobrios y *esperad por completo* en la gracia que se os traerá cuando Jesucristo sea manifestado» (1 Pedro 1:13). Cuando piensas en la gracia que «se te traerá», ¿en qué piensas? ¿Solo en unas nociones vagas de «ir al cielo»? Pedro nos habla del gozo de nuestra «generosa entrada en el reino eterno de nuestro *Señor y Salvador* Jesucristo» (2 Pedro 1:11). Alégrate en la combinación de las dos palabras «Señor» y «Salvador». El *Señor* Jesús —santísimo, majestuoso, todopoderoso, eterno, exaltado y glorioso— es y siempre será tu *Salvador* —perdonador, redentor, consolador, misericordioso, dadivoso, amoroso y Emanuel, siempre contigo—. Gózate ya en esta esperanza de *su* gracia que es más cierta que el amanecer. Creéla, recuérdala, cántala, atesórala y celébrala todos los días.

Y hay más gozo todavía, porque «nosotros esperamos, según sus promesas, cielos nuevos y tierra nueva en los cuales *mora la justicia*» (2 Pedro 3:13). Para inaugurar los cielos nuevos y la tierra nueva, Dios quemará con fuego purificador todos los elementos de este mundo caído y desgastado. Reinará suprema la justicia redentora de Jesucristo, que borrará la corrupción de la carne, la condenación del pecado, la muerte, el sufrimiento y la pobreza miserable de nuestra autojusticia. Revestidos de la justicia de Cristo, cantaremos:

¡Me llené de alegría en el SEÑOR mi Dios!
Pues él me vistió con ropas de salvación
y me envolvió en un manto de justicia.
Soy como un novio vestido para su boda
o una novia con sus joyas (Isaías 61:10, NTV).

Así, el apogeo de nuestro gozo será nuestra conformación eterna a la semejanza de Cristo.

Conclusión

El día de hoy no es todavía el día del gozo eterno. El apóstol Pedro vincula nuestro gozo en Cristo con el crecimiento de nuestra fe en Cristo: «os alegráis con gozo inefable y glorioso; *obteniendo el fin de vuestra fe, que es la salvación de vuestras almas*» (1 Pedro 1:8b-9). Los creyentes que leían estas palabras de Pedro ya eran «salvos» en el sentido de haber puesto su fe en Cristo. Entonces, ¿a qué se refiere Pedro cuando habla de «la salvación de vuestras almas»? Creo que está hablando de lo que él mismo había vivido con Jesús: la experiencia de ser «salvado» de su vida de Simón el pescador para ser cambiado en Pedro la roca, discípulo de Jesucristo: imperfecto todavía, pero transformado para siempre.

En su libro *El problema del dolor*, C. S. Lewis usa la figura de un artista para ayudarnos a comprender las realidades duras de «ser salvados» de la vida que llevamos, para llegar a la vida que Dios tiene para nosotros en Cristo. Según Lewis, si el artista dibuja un barquito o un elefante solo para divertir a su hijo de cinco años, no invertirá mucho esfuerzo en el dibujo. Pero —argumenta Lewis— si el artista está pintando la obra maestra de su vida, le dedicará todo su esfuerzo. La pintará una y otra vez, retocándola y perfeccionándola. ¿Y cuál sería el sentir de la «obra maestra» si pudiera hablar de este proceso? Según Lewis:

> ...uno puede imaginar tal obra de arte —si tuviera sentimientos— gimiendo y deseando que fuera nada más un dibujito hecho al minuto para entretener a un niño, porque *duele* el proceso de ser borrado, frotado, rasgado, cambiado y recomenzado por el artista. De la misma manera, es natural que deseemos evitar ser formados para un propósito glorioso —pero así *estamos deseando menos amor de Dios, y no más*.[17]

---

17. C. S. Lewis, *El problema del dolor* (Nueva York: HarperOne, 2006), página desconocida.

¿Estás deseando menos amor de Dios a cambio de mayor comodidad personal? Según Efesios 2:10, «somos hechura suya, *creados en Cristo Jesús* para buenas obras, las cuales Dios preparó de antemano para que anduviésemos en ellas». Lee este versículo otra vez. No dice que las buenas obras que haces son hechura de Dios. Dice que *tú mismo* eres hechura de Dios: *tú mismo eres la obra maestra* que Dios va retocando y perfeccionando para las buenas obras que preparó para que *tú* las hagas.

¡«Bing»! Hace unos quince minutos, apareció de nuevo en mi computadora el mismo recordatorio: «Alégrate *hoy* en ser conformado a la imagen de Cristo». Sí, es el mismo mensaje todos los días. Sí, lo necesito todos los días para creer que sí, es posible el gozo inefable y glorioso en Cristo ahora, y mucho más en el día venidero que anuncia el apóstol Judas: «Y a aquel que es poderoso para guardaros sin caída, y presentaros sin mancha delante de su gloria *con gran alegría*, al único y sabio Dios, nuestro Salvador, sea gloria y majestad, imperio y potencia, ahora y por todos los siglos» (Judas 24-25).

Guía de estudio

Capítulo 11: ¡Gozo!

Resumen del capítulo

Tu gozo en Cristo siempre será el resultado de buscar, recibir, disfrutar y atesorar la gracia abundante que Cristo derrama en tu comunión con Él.

Para comenzar

En estos días, ¿cuáles son los factores o las circunstancias que te hacen difícil encontrar gozo en la gracia del Señor?

Preguntas para contestar

1. ¿Qué aprendes de las diferentes estrategias humanas para encontrar el gozo? ¿Por qué será el gozo tan difícil de encontrar y sostener?
2. Lee 1 Pedro 1:8. Según Pedro, ¿dónde se encuentra el gozo verdadero? ¿Cómo responderías a un amigo que dijera que es «irrealista» el gozo que Pedro promete?
3. ¿Por qué es importante entender que Cristo no es «solo la verdad, sino que es glorioso»?
4. ¿Por qué es importante conectar las palabras griegas *charis* (gracia) y *chara* (gozo)? ¿De qué manera depende el gozo en Cristo de la gracia de Cristo?
5. ¿De qué manera funciona el gozo en Cristo como una «capa de roca» que protege nuestro corazón contra las circunstancias que asaltan nuestra seguridad?
6. ¿Cómo se pueden practicar las disciplinas espirituales como «disciplinas de gozo»?

7. Piensa como un «pámpano» por un momento. ¿Por qué tiene el pámpano *el gozo cumplido* en producir fruto para los hambrientos?
8. ¿Por qué nos produce estrés y ansiedad en el presente el hábito de poner nuestra esperanza en eventos futuros que nos prometen la felicidad? ¿De qué manera es diferente nuestro gozo presente en lo que Dios nos promete en Cristo en el futuro?
9. Reflexiona en la figura del artista que nos comparte C. S. Lewis. ¿De qué manera deseamos *menos* amor de Dios si nuestro deseo mayor es evitar el dolor de ser cambiado?

Para orar

- Habla con Dios honestamente acerca de dónde estás buscando el gozo que deseas. ¿Qué te revela? ¿Hay fuentes de gracia en Cristo que podrían cambiar tu experiencia de gozo?
- Repasa las cuatro cosas en que puedes gozarte según este capítulo. Elige una de ellas y ora que Dios fortalezca ese gozo en tu corazón por el poder del Espíritu Santo.

Para meditar durante la semana

Memoriza 1 Pedro 1:8 y otro versículo de este capítulo acerca de por qué podemos gozarnos en Cristo y su gracia.

La gracia barata es la gracia que nosotros nos concedemos a nosotros mismos... La gracia barata es la gracia sin el discipulado, la gracia sin la cruz, la gracia sin Jesucristo, viviente y encarnado.

DIETRICH BONHOEFFER[1]

Os he escrito brevemente, amonestándoos, y testificando que esta es la verdadera gracia de Dios, en la cual estáis.

1 PEDRO 5:12

---

1. Dietrich Bonhoeffer, *The Cost of Discipleship* (Nueva York: Touchstone, 1995), 45-46.

Gracia

Principio de Pedro #12:
Crecerás en la gracia y el conocimiento del Señor Jesucristo cada vez que tu alma clama: «Señor, ¿a quién iré?».

¿TE ACUERDAS DEL primer encuentro entre Jesús y Pedro? «Y mirándole Jesús, dijo: Tú eres Simón, hijo de Jonás; tú *serás* llamado Cefas (que quiere decir, Pedro)» (Juan 1:42). Como siempre, Jesús tenía razón: Simón, el pescador de Betania, llegaría a ser Pedro, el discípulo «piedra», conocido y amado en todo el mundo. A Simón *Pedro*, Jesús le encomendó el liderazgo y cuidado pastoral de la iglesia, que compró con su propia sangre. Y Pedro, siguiendo las pisadas de su Señor, también entregaría su vida por ella. El libro de los Hechos nos muestra la clase de discípulo «piedra» que Jesús tenía en mente, mientras iba formando a Pedro con suma paciencia «en la gracia y el conocimiento» de quién era este Jesús a quien Pedro amaba de todo corazón.

En ciertos círculos evangélicos, existe la tendencia de subestimar la influencia y el liderazgo de Pedro en el crecimiento de la iglesia primitiva. Esa tendencia trae como resultado subestimar las muchas maneras en que la gracia infinita de Cristo obraba en Pedro, permitiéndole cumplir el ministerio que Cristo le había encargado en Juan 21. Por ejemplo, Pedro:

1. *asumió* la responsabilidad de pastorear a los ciento viente discípulos de Jesús en los días atribulados después de la crucifixión, resurrección y ascención de Cristo (Hechos 1:12-26);
2. *predicó* el primer mensaje evangelístico en Pentecostés, y tres mil personas se convirtieron a Cristo (Hechos 2:14-42);
3. *sanó* en el nombre de Jesús al hombre cojo que mendigaba en el templo, y luego volvió a predicar el evangelio, lo que dio como resultado la conversión de cinco mil hombres (Hechos 3:1-4:4);
4. *testificó* de Jesucristo con denuedo ante las recriminaciones de «los gobernantes, los ancianos, y los escribas», anunciando que «no hay otro nombre bajo el cielo, dado a los hombres, en que podamos ser salvos» (Hechos 4:5-13);
5. *confrontó* con valor las mentiras de Ananías y Safira, resguardando la integridad de la iglesia naciente y protegiéndola del engaño de Satanás (Hechos 5:1-11);
6. *dio un ejemplo* de cómo sufrir persecuciones y azotes con gozo «por causa del Nombre» (Hechos 5:12-42);
7. *llegó* a Samaria junto con Juan, para confirmar la conversión de los samaritanos a Cristo, y luego evangelizó en muchas aldeas del territorio samaritano (Hechos 8:14-25);
8. *realizó* un ministerio poderoso de sanidad y predicación evangelística en las regiones de Lida, Sarón y Jope (Hechos 9:32-43);
9. *fue dirigido* por el Espíritu Santo a llevar el evangelio a la casa de Cornelio, el centurión romano de Cesarea, lo cual abrió brecha en el mundo gentil para la salvación de cualquier persona que pusiera su fe en Jesucristo (Hechos 10:1-48);
10. *testificó* de la supremacía de la gracia del Señor Jesús en el concilio de Jerusalén para mantener a los judíos y gentiles unidos en un solo cuerpo (Hechos 15:7-11);
11. *ejerció* un ministerio itinerante de evangelismo y discipulado, y escribió dos cartas pastorales para ayudar a los creyentes a permanecer fieles a Cristo, a pesar de sus diversas pruebas y aflicciones (1 Corintios 1:12; 9:5; 1 Pedro 1; 2 Pedro 3:1-2);

12. *fue martirizado* (según la tradición) cuando regresó a la ciudad de Roma para afianzar la fe de los cristianos que sufrían las persecuciones brutales del emperador Nerón.

Jesús tenía razón: «Tú serás llamado *Pedro*», y Pedro es el nombre que nosotros usamos.[2]

¿Un secreto espiritual?

La propuesta de este libro es que Pedro creció en la gracia y el conocimiento de Jesucristo por medio de la amistad auténtica con Él. Simón, el hijo de Jonás, no llegó a ser Pedro por la superioridad de sus dones, el carisma de su liderazgo, la agudeza de su espiritualidad o la fuerza de su fe, sino porque caminó en amistad estrecha con Jesús, el Hijo de Dios. Quizá todavía te sientas incómodo con la idea de la amistad con Jesús. Espero que hayas visto en los encuentros entre Pedro y Jesús que la amistad con Jesús nunca es una amistad cómoda o común, sino que es sobrenatural, saturada de experiencias de fracaso y arrepentimiento, confesión y perdón, debilidad y compasión, suciedad y limpieza, bienaventuranza y represión, y, sobre todo, de amor ilimitado e infalible. Tomás de Kempis escribió:

> *Pedro creció en la gracia y el conocimiento de Jesucristo por medio de la amistad auténtica con Él.*

> El amor de la criatura es inconstante y se disipa, pero el amor de Jesús es fiel y permanece para siempre. Ama a Jesús y aférrate a Él como tu amigo.[3]

---

2. El apóstol Pablo siempre usaba el nombre «Pedro» o «Cefas» para hablar de Pedro. Se puede concluir que para el año 50 d.C., Simón el pescador era conocido entre las iglesias por el nombre «Pedro».

3. Thomas à Kempis, *The Imitation of Christ*, trad. Joseph N. Tylenda (Nueva York: Vintage Books, 1998), 55.

Mirándonos a nosotros mismos en el espejo de la vida de Pedro, tendríamos que confesar también que nuestro amor por Jesús es «inconstante y se disipa»; aunque sí, lo amamos y anhelamos aferrarnos a Él como nuestro Amigo fiel.

¿Habrá tenido Pedro algún «secreto espiritual» que lo sostenía en su amistad con Jesús? No creo mucho en los «secretos espirituales», pero veo en Pedro un principio rector que lo fortalecía en los momentos críticos cuando los demás no sabían qué hacer. Vemos este principio rector en la respuesta de Pedro a la crisis de fe que Jesús mismo provoca en Juan 6 al identificarse como el Pan de Vida.

La crisis de fe: ¿a quién iremos?

Después del milagro de la alimentación de los cinco mil, Jesús escandaliza a sus seguidores cuando se presenta a sí mismo en la sinagoga de Capernaum como el Pan de Vida que «descendió del cielo y da vida al mundo» (Juan 6:33-35, 41). Jesús enfatiza que no solo «da» pan —como Dios lo daba en el desierto por medio de Moisés—, sino que Él mismo *es* el Pan que imparte la vida de Dios que satisface para siempre:

> Porque mi carne es verdadera comida, y mi sangre es verdadera bebida. El que come mi carne y bebe mi sangre, en mí permanece, y yo en él. Como me envió el Padre viviente, y yo vivo por el Padre, asimismo el que me come, él también vivirá por mí (Juan 6:55-57).

Las palabras de Jesús les caen mal a los que lo oyen. En muchas ocasiones, sus palabras les caían mal a sus enemigos, pero aquí en Juan 6 les caen mal a sus *discípulos*: «Al oírlas muchos de sus *discípulos* dijeron: Dura es esta palabra; ¿quién la puede oír?» (Juan 6:60).

¿Será «dura» la palabra de Jesús? ¿No habrá gracia extravagante de parte de Jesús al ofrecer alimentar a la gente con la misma vida eterna del Padre que mora en Él? ¿No habrá gracia extravagante en la promesa de Jesús: «el que a mí viene, nunca tendrá hambre; y el que en mí cree, no tendrá sed jamás» (Juan 6:35)? ¿Cómo resulta «dura» la palabra de Jesús? Resulta «dura» porque muchos de sus seguidores buscan la gracia barata de un Jesús «transaccional». Desean más pan para su vida diaria, pero no desean «comer» del que es el Pan de Vida. Desean el pan que Jesús da, pero no les apetece el pan que Él es. Buscan el pan de Jesús sin tener que seguir a Jesús. No entienden lo que nosotros tampoco entendemos: *la gracia de Jesús es siempre abundante, pero nunca es barata.* Aunque las palabras «duras» de Jesús eran palabras del Espíritu que dan vida, «muchos de sus discípulos volvieron atrás y ya no andaban con él» (Juan 6:66).

La gracia de Jesús es siempre abundante, pero nunca es barata.

Surge una crisis de gracia. ¿Cómo responderán los doce a las palabras «duras» de Jesús, que los llaman a «comer su carne y beber su sangre» para permanecer en Él y Él en ellos? Jesús les da la oportunidad para irse: «¿Queréis acaso iros también vosotros?» (Juan 6:67). Es Pedro quien sabe lo que quiere: «Señor, ¿a quién iremos? Tú tienes palabras de vida eterna» (Juan 6:68).

¿Han llegado a tu vida momentos de crisis como este? Momentos cuando dudas de lo que Jesús está haciendo. Momentos cuando no comprendes la gracia que te ofrece. Momentos cuando te sientes tentado de ir por el camino ancho con tus amigos que han abandonado a Jesús en busca de panes más baratos. He aquí la sorpresa: Jesús mismo es quien te ha llevado a esa crisis de gracia, como lo hizo con sus discípulos en Juan 6. ¿Por qué? Porque no puedes crecer en la gracia y el conocimiento de Cristo sin decidir una y otra vez: «Señor, ¿a quién iré? *Tú* tienes palabras de vida eterna». Piénsalo bien.

¿A quién irás… para encontrar esperanza cuando tu hija pródiga te rompe el corazón otra vez?

¿A quién irás... para recuperar tu gozo cuando fracasa el proyecto en el que invertiste tanto esfuerzo?
¿A quién irás... para ser abrazada cuando tu novio te abandona?
¿A quién irás... para conocer tu valor cuando los demás te dicen que «no puedes» o que «eres tonto»?
¿A quién irás... para respirar paz cuando el pánico se apodera de ti otra vez?
¿A quién irás... para ser fortalecido cuando tu matrimonio está a punto de hundirse?
¿A quién irás... para ser pastoreado y ayudado cuando te sientes confundido por tu sexualidad o la disforia de género?
¿A quién irás... para hallar provisión cuando no tienes dinero ni para pagar el costo de reparar tu carro?
¿A quién irás... para seguir adelante en tu ministerio cuando no hay nada de fruto visible?
¿A quién irás... para vencer el temor a la muerte cuando el médico te dice que te quedan tres meses de vida?
¿A quién irás... para ser perdonado cuando caes de nuevo en la misma envidia, ira, lujuria o mentira; y el diablo te dice: «Dios ya está cansado de tu desobediencia»?
¿A quién irás... para encontrar felicidad cuando descubres que no hay nada en el mundo que satisfaga el hambre profunda de tu alma?
¿A quién irás... si no al que es tu Señor y Salvador?

Pedro no tiene palabras ni tampoco soluciones para frenar la deserción de los discípulos en Capernaum. Hace lo que siempre ha hecho: ir a su Amigo Jesús para aferrarse de su gracia indefectible. Al afirmar: «Tú tienes palabras de vida eterna», Pedro no está solo hablando de «cómo ir al cielo». Está afirmando que Jesús es el Único que podrá satisfacer *eternamente* el hambre del alma de Pedro… y de cualquier otra persona en el mundo.

El hambre del alma del ser humano es insaciable. Desea propósito, consuelo, amor, contentamiento, protección, seguridad, gozo y paz, en cantidades infinitas. Por ende, la puede satisfacer solo la gracia ilimitada de Jesús. Querido lector, muchos en este mundo te ofrecerán «panes de vida» que prometen satisfacer el hambre de tu alma. Pero ¿a quién irás *tú*? ¿Encontrarás en otro lugar más gracia que la que has encontrado en Jesucristo? ¿*Quién* tiene palabras de vida eterna?

> *El hambre del alma del ser humano es insaciable… Por ende, la puede satisfacer solo la gracia ilimitada de Jesús.*

La respuesta de Pedro a la pregunta de Jesús revela su «secreto»: ir a Jesús en medio de cualquier duda, desilusión o dolor para recibir *más* gracia de Aquel que es el Pan de Vida. Así *crecemos* en la gracia del Señor. Dallas Willard escribe:

> Crecer «en la Gracia» significa utilizar la Gracia cada vez más para vivir hasta que todo lo que hagamos esté sustentado por ella… Los mayores santos no son aquellos que necesitan menos de la Gracia, sino quienes más la utilizan, quienes, de hecho, tienen más necesidad de ella: aquellos que están saturados de la Gracia en cada dimensión de su ser. La Gracia es para ellos como el aire que respiran.[4]

¿Es la gracia de Jesús el aire que respiras tú? Era el aire que Pedro respiraba. En su «ir» continuo a Jesús, Pedro ponía una y otra vez a los pies del Señor todo lo que él era como Simón el pescador, para recibir la gracia de todo lo que Jesús era como Señor y Salvador. Tú

---

4. Dallas Willard, *Renueva tu corazón: Sé como Cristo* (Barcelona: CLIE, 2008), 121 (la letra mayúscula de «Gracia» es original).

también respirarás la misma gracia que Pedro cada vez que pones a los pies de Cristo todo lo que eres, para recibir la gracia de todo lo que *Él* es —y será— para ti.

La pregunta de Pedro —«Señor, ¿a quién iremos?»— se puede considerar casi una pregunta retórica, porque él sabe quién es Jesús: «Y nosotros hemos creído y conocido que tú eres el Santo de Dios» (Juan 6:69, RVA-2015).[5] El título «el Santo de Dios» no es común en el Nuevo Testamento. Es usado solo por Pedro en Juan 6 y en Marcos 1:24 —en la misma sinagoga de Capernaum—, cuando un espíritu inmundo gritó: «Sé quién eres, el Santo de Dios». Jesús no acepta testimonio de parte de demonios —aunque sea la verdad—, sino que desafía los poderes de las tinieblas por medio de discípulos sencillos, quienes testificarán: «Tú eres el Santo de Dios». Cuando Pedro llama a Jesús «el Santo de Dios», lo identifica como la encarnación del «Santo de Israel», un nombre que el profeta Isaías empleaba con frecuencia para enfatizar el carácter de Dios como Salvador-Redentor.

- «Porque yo Jehová, Dios tuyo, el Santo de Israel, soy tu *Salvador*» (Isaías 43:3).
- «Así dice Jehová, *Redentor* vuestro, el Santo de Israel…» (Isaías 43:14).
- «Nuestro *Redentor*, Jehová de los ejércitos es su nombre, el Santo de Israel» (Isaías 47:4).
- «Así ha dicho Jehová, *Redentor* tuyo, el Santo de Israel: Yo soy Jehová Dios tuyo, que te enseña provechosamente, que te encamina por el camino que debes seguir» (Isaías 48:17).
- «Porque tu marido es tu Hacedor; Jehová de los ejércitos es su nombre; y tu *Redentor*, el Santo de Israel; Dios de toda la tierra será llamado» (Isaías 54:5).

---

5. La traducción de la RVR-60 «Tú eres el Cristo, el Hijo del Dios viviente» refleja el texto griego de algunos manuscritos antiguos. Los mejores manuscritos dicen: «Tú eres el Santo de Dios». *Biblia de Estudio Mundo Hispano* (El Paso, TX: Editorial Mundo Hispano, 2012), 2127.

¿Entendemos? Al llamar a Jesús «el Santo de Dios», Pedro lo reconoce como el eterno Dios Redentor encarnado, de quien profetizó Isaías. Entonces, ¿a quién iremos en la multitud de circunstancias cotidianas que dejan nuestra alma con hambre? La respuesta de Pedro es «a Jesús» —el Santo de Dios—, el Redentor eterno, quien se entregó por pecadores en su vida, muerte, resurrección y exaltación. Por eso es el Pan de Vida, capaz de alimentarlos con gracia costosa. De nuevo, Dietrich Bonhoffer contrasta la gracia barata que muchos buscan con la gracia costosa que Jesucristo nos ofrece.

> La gracia de Cristo es *costosa* porque nos llama a seguir, y es *gracia* porque nos llama a seguir a *Jesucristo*. Es *costosa* porque el precio es la vida del hombre, y es *gracia* porque le da al hombre la única vida verdadera... Es gracia *costosa* porque llama al hombre a llevar el yugo de Cristo y seguirlo; y es *gracia* porque Jesús dice: «Mi yugo es fácil y ligera mi carga».[6]

La mano grande

Déjame compartir una anécdota que me recuerda una y otra vez la gracia que necesito en mi «ir» diario a Jesucristo. Una madre y su hijo estaban finalizando sus compras en una tienda cerca de su casa. Se acercaron al mostrador para pagar, y el dueño de la tienda reconoció al muchacho como uno de los amigos de su propio hijo. Deseando ser generoso con el muchacho, el dueño le bajó un frasco de caramelos y le dijo:

—Hijo, ¿te gustan los caramelos? Llévate unos y disfrútalos.

El muchacho sonrió, pero no reaccionó. El dueño de la tienda insistió:

—No seas tímido, hijo. Mete la mano en el frasco y agarra unos caramelos. Son deliciosos.

Pero otra vez el muchacho no respondió. Entonces el dueño metió su mano en el frasco y sacó un buen puñado de caramelos. Llenando la mano del muchacho, el dueño dijo:

---

6. Bonhoeffer, *The Cost of Discipleship*, 45.

—Aquí tienes, te van a gustar mucho.

—Muchas gracias —dijo el muchacho y salió de la tienda con su madre.

Cuando estaban afuera, la madre le preguntó a su hijo con un poco de aspereza:

—¿Por qué no metiste la mano en el fracaso de caramelos cuando el señor te invitó? ¿No te gustan?

—Sí, mamá —respondió el muchacho—, me gustan mucho. Lo que pasa es que la mano del señor es más grande que la mía.

¿Crees que la mano del Señor es más grande que la tuya? Esa era la gran verdad que Pedro siguió aprendiendo a lo largo de su peregrinaje con Jesucristo. Tuvo que aprender que la mano del Señor le ofrecería una gracia mucho más grande que los sustitutos baratos que él intentaba tomar en sus propias manos. La gracia de la mano del Señor no era la gracia barata de «pan gratis» que reclamaban los pseudodiscípulos de Juan 6. No. La gracia que Jesús le ofrecía a Pedro era la gracia costosa de caminar en pos de Jesucristo, el Hijo de Dios. Era la gracia costosa que le ofreció a Pedro el «Gran Cambio»: el cambio de la vida de Simón el pescador, por la vida de Pedro, el discípulo amado, redimido y transformado por Jesucristo.

Conclusión

Si tienes unos años de caminar con el Señor Jesús, me imagino que ya supiste la noticia: ¡No hay graduación de la escuela de gracia! En medio de nuestras flaquezas y fortalezas, vicios y virtudes, aflicciones y alegrías, tribulaciones y triunfos, Cristo, el Pan de Vida, nos alimenta cada día con más de su gracia. ¿Estás compenetrado con esa realidad? ¿Puedes declarar con Pedro: «Señor, ¿a quién iré? Tú tienes palabras de vida eterna»?

Me gustaría terminar el último capítulo de este libro con unas preguntas sencillas. ¿Crees que Jesús te ama con la misma compasión paciente con que amaba a Pedro? ¿Crees que Jesús te ayudará a crecer en la gracia y el conocimiento de Él, tanto como ayudaba a Pedro?

GRACIA

¿Crees que Jesús redimirá tus faltas y flaquezas como redimía las de Pedro? ¿Crees que Jesucristo:

- será tu Amigo fiel, que sabe cómo transformarte en un «discípulo de piedra» (capítulo 1);
- será fiel en apartarte para Él mismo, de modo que lo acompañes en su misión (capítulo 2);
- será fiel en mostrarte su compasión cuando tu fe desfallezca y te hundas en las olas (capítulo 3);
- será fiel en guiarte hacia la bienaventuranza de servirlo como piedra viva en su Iglesia indestructible (capítulo 4);
- será fiel en reprenderte con amor para salvar tu alma de la corrupción de los deseos carnales (capítulo 5);
- será fiel en lavarte de cualquier suciedad que pudiera estorbar tu comunión con Él (capítulo 6);
- será fiel en restaurarte después que hayas fracasado en tu zarandeo, para que puedas fortalecer a tus hermanos (capítulo 7);
- será fiel en enseñarte a amar a otros como Él los ama (capítulo 8);
- será fiel en mostrarte la magnificencia multifacética de su persona, para que testifiques de Él con denuedo (capítulo 9);
- será fiel en glorificarse en ti cuando sufres por Él, con Él y como Él (capítulo 10); y
- será fiel en llenarte de gozo inefable y glorioso en tu caminar de fe a su lado (capítulo 11)?

En otras palabras: ¿Crees que «Jesucristo es el mismo ayer, y hoy y por los siglos» (Hebreos 13:8)?

Entonces, ¿a quién irás?, si no a tu Señor y Salvador Jesucristo, repitiendo las últimas palabras que escribió el apóstol Pedro en esta tierra: «A él sea gloria *ahora* y hasta el día de la eternidad. Amén» (2 Pedro 3:18b). Así fue la gloria de Jesús en la vida de Pedro, el discípulo «piedra»; así también será la gloria de Jesucristo en tu vida, ahora y hasta el día de la eternidad.

Guía de estudio

Capítulo 12: **Gracia**

Resumen del capítulo

Nuestro crecimiento en la gracia y el conocimiento del Señor Jesúcristo depende de que nuestra alma clame continuamente: «Señor, ¿a quién iré?».

Para comenzar

¿Cuál «principio de Pedro» en este libro es el más importante para ti?

Preguntas para contestar

1. En la lista de las diferentes maneras en que Simón el pescador sirvió como el discípulo *Pedro*, ¿qué te llama la atención? ¿Qué observas en el crecimiento de Pedro como discípulo de Jesús?
2. ¿Qué aprendes del ejemplo de Pedro acerca de la naturaleza de la amistad con Jesús? ¿En qué quisieras crecer en tu propia amistad con Jesús?
3. Según el autor, ¿por qué resultaba «dura» la palabra de Jesús en Juan 6? ¿Cómo caemos nosotros en la trampa de creer que la gracia abundante de Jesús es gracia barata?
4. ¿Te encuentras en medio de una prueba, dificultad o crisis y te preguntas: «¿A quién iré?»? ¿Cuál es un paso práctico que pudieras dar para ir a Jesús y confiar en sus palabras de vida eterna?
5. ¿Qué cree el autor que es «el secreto» de Pedro? ¿De qué manera nos lleva ese secreto a crecer en la gracia de Jesús?
6. Al usar Pedro el nombre «el Santo de Dios», ¿qué quiere enfatizar acerca de la persona de Jesús?
7. ¿Por qué la gracia de Jesucristo es una «gracia costosa» (y no una «gracia barata»)?

8. ¿Cuál es la verdad más importante que has aprendido sobre la amistad fiel de Jesús en el transcurso de tu estudio de la vida de Pedro?
9. ¿De qué manera ha cambiado la lectura de este libro tu opinión de Pedro? ¿De qué manera te ayuda a caminar con Jesús con más fe y gozo?

Para orar

- Lee la lista de las maneras en que los diferentes capítulos de libro presentan la fidelidad de Jesús. Elige una de ellas y ora que puedas crecer en ella en tu caminar con Cristo.
- ¿Hay una prueba, aflicción, duda o adversidad que te asedie en este momento? Ponla delante del Señor con tu propia oración de «¿a quién iré?».

Para meditar durante la semana

Medita en Juan 6:25-71. Apunta algunas observaciones y úsalas para acercarte a Jesús y alimentarte de la gracia de su persona. Luego medita en Juan 7:37-39. Guarda silencio por unos minutos para contemplar la grandeza de Jesús y alabarlo.

Jesús le respondió: A donde yo voy, no me puedes seguir ahora; mas me seguirás después.

JUAN 13:36

Jesús había sido el lucero de la mañana en el corazón de Pedro; y Jesús sería la luz de su futuro eterno en la ciudad que no tiene necesidad de luz, porque el Cordero es su lumbrera.

F. B. MEYER[1]

---

1. F. B. Meyer, *Peter: Fisherman, Disciple, Apostle* (Irlanda: CrossReach Publications, 2022), 143.

Epílogo

¡Reencuentro!

Ninguna luz penetra la oscuridad de la celda en la aterradora Cárcel Mamertina donde Pedro pasará la última noche de su vida.[2] Nerón, el emperador monstruo, lo ha condenado a muerte, felicitándose por haber dado un golpe doloroso y decisivo en su guerra contra los odiosos seguidores de Jesús el galileo.[3] Con la aparición de los primeros rayos del alba, Pedro será crucificado. Seguirá a su Señor hasta la cruz. Pedro sabe que esta vez no vendrá un ángel misterioso para abrir las puertas de la cárcel y rescatarlo de los verdugos romanos. También sabe que «en breve [debe] abandonar el cuerpo, como nuestro Señor Jesucristo [se lo] ha declarado» (2 Pedro 1:14).

¿De cuáles momentos con Jesús se habrá acordado Pedro en aquella noche? Quizá se haya acordado de aquel cuando Andrés le había anunciado: «¡Hemos hallado al Mesías!». Pedro sabe ahora que él no había hallado a Jesús, sino que fue Jesús quien lo halló a él. O posiblemente, se haya acordado de la última conversación que tuvo en la

---

2. Según la tradición, los apóstoles Pedro y Pablo estuvieron presos en la Cárcel Mamertina en Roma antes de su martirio. Adam Hamilton, *Simon Peter: Flawed but Faithful Disciple* (Nashville, TN: Abingdon, 2018), 155. Hamilton comparte unos detalles interesantes sobre la historia y naturaleza de la Cárcel Mamertina (154-156).

3. Según unas fuentes históricas del segundo siglo, Pedro fue crucificado en Roma. Véase Larry R. Helyer, *The Life and Witness of Peter* (Downers Grove, IL: IVP Academic, 2012), 66, 277.

playa del mar de Galilea cuando Jesús le dijo: «Apacienta mis ovejas y ¡sígueme!». Pedro ha apacentado las ovejas de su Señor y lo ha seguido hasta el fin: ¡Misión cumplida! Son muchas las posibilidades, pero yo daría mi voto por aquel momento cuando Jesús le dijo: «Tú eres Simón… tú serás llamado *Pedro*» (Juan 1:42).

Pedro ha cumplido su carrera como el discípulo de piedra de Jesucristo. Como tal, conoce el fracaso y la fe. Conoce el pecado y el perdón. Conoce el servicio y el sacrificio. Sobre todo, conoce a Jesucristo y qué significa crecer en la gracia y el conocimiento de Él. La realidad más palpable en la celda de Pedro no es la oscuridad que lo rodea, sino el conocimiento luminoso de que Jesús es el Cristo, el Hijo del Dios viviente. Muy pronto Pedro verá el rostro de su amado Amigo. Sabe que hay reservada para él una herencia incorruptible, incontaminada e inmarcesible en los cielos (1 Pedro 1:4). Sabe que le será otorgada una amplia y generosa entrada en el reino eterno de Jesús (2 Pedro 1:11).

> Amados, esta es la segunda carta que os escribo, y en ambas *despierto con exhortación vuestro limpio entendimiento* para que tengáis memoria de las palabras que antes han sido dichas por los santos profetas, y del mandamiento del Señor y Salvador dado por vuestros apóstoles (2 Pedro 3:1-2).

Los «principios de Pedro» presentados en este libro son para despertar nuestro entendimiento y exhortarnos a reflexionar en qué clase de vida estamos edificando en este mundo pasajero. Desde la niñez, todos venimos edificando *algo*. Construimos naves espaciales de Lego, vestimos y maquillamos las muñecas físicas y virtuales, vencemos villanos en duelos a espadas en el jardín, luchamos y triunfamos en misiones gloriosas en los videojuegos. Todos comenzamos soñando con construir algo glorioso, ya sea un matrimonio, una familia, una casa, una empresa, una carrera o un ministerio. Pero luego vienen las desilusiones, las pruebas y los fracasos personales que hacen estragos nuestro sueño de construir algo glorioso.

Quizá piensas que este es el momento cuando te voy a brindar unas palabras de ánimo para exhortarte a ser más resiliente y a creer de nuevo en tus sueños de construir algo glorioso con tu vida, con tal que sigas el ejemplo del apóstol Pedro. Pero no lo voy a hacer, porque Pedro mismo *nunca* lo haría. Creo que Pedro haría otra cosa. Nos haría a todos la misma pregunta desafiante: ¿Qué o quién es la piedra angular de la vida que vas construyendo?

Si has llegado al final de este libro, es probable que tengas fe en Jesucristo. No obstante, es posible tener fe en Jesús y no tener a Jesús como la piedra angular de tu vida. Es posible tener fe en Jesús e intentar construir tu vida sobre una piedra angular que no es Él. Todos por igual estamos construyendo nuestra vida sobre una piedra angular, lo sepamos o no. ¿Cuál es la tuya? ¿El éxito en tu carrera? ¿Una relación romántica? ¿La felicidad familiar? ¿La aprobación de tus padres? ¿La admiración de tus amigos? ¿La comodidad de las cosas que compras con tu buen sueldo? ¿La gloria de tu ministerio en la iglesia? Cuando el apóstol Pedro confronta a los poderosos de la nación de Israel en Hechos 4, les advierte que el imperio de prestigio religioso que han construido tan asiduamente está destinado a colapsar. ¡Caerá!, porque no construyeron sobre la verdadera piedra angular: «Este Jesús es la piedra reprobada por vosotros los edificadores, la cual ha venido a ser cabeza del ángulo» (Hechos 4:11). Sin querer, los líderes de Israel habían construido una «torre de Pisa» espiritual sobre la piedra angular de su propia santidad, sabiduría y autojusticia.

¿Cómo vas con tu proyecto de construcción? ¿Es Jesucristo tu Piedra Angular? Nos advierte el apóstol Pablo: «Pero cada uno mire cómo sobreedifica. Porque nadie puede poner otro fundamento que el que está puesto, el cual es Jesucristo» (1 Corintios 3:10-11). No olvides nunca que *la calidad de tu construcción dependerá de la vitalidad de tu conexión con Jesucristo.* Una piedra suelta no sirve para mucho en cualquier construcción. Por ende, el apóstol Pedro te invita a acercarte al que es la eterna Piedra viva de Dios: «Acercándoos a *él*, piedra viva… vosotros también, como piedras vivas, sed edificados como casa espiritual» (1 Pedro 2:4-5). Te aseguro: no hay nada que se compare con la bienaventuranza de vivir y servir como piedra viva en la casa espiritual de Jesús, porque *su* casa prevalecerá contra las puertas del Hades por toda la eternidad.

La calidad de tu construcción dependerá de la vitalidad de tu conexión con Jesucristo.

¿Cuántas veces habrá dudado Simón de las palabras de Jesús: «Tú serás llamado Pedro»? Me imagino más de las que Pedro podría contar. ¿Dudas del compromiso de Jesús de formarte en un discípulo de piedra? ¡Pon tu mirada en Pedro! No para admirarlo como un dechado de virtudes cristianas. No para imitarlo como un líder brillante y elocuente. Pon tu mirada en Pedro para aprender qué significa caminar con Jesucristo y amarlo con la misma pasión que ardía en el corazón de Simón, el pescador de Betsaida.

Pedro llegó a ser el discípulo de piedra por una sencilla razón: nunca dejó de aferrarse a Jesús, la Roca eterna que nunca dejó de abrazarlo.

Oh, amado Jesús, ¿será posible andar en amistad contigo, siendo Tú, el Señor, el Maestro, el Cristo, el Hijo eterno y la Piedra Angular de toda la iglesia?

Testifico que quiero conocerte como Amigo. Anhelo crecer en tu gracia, pero tengo miedo de lo que veo en mí mismo.

Conozco demasiado bien mis amores desordenados y mis pasiones vanidosas.

Levántame, oh Señor Jesús. Enséñame las verdades de tus caminos.

Fortaléceme cada día con tu gracia restauradora en medio de los zarandeos de Satanás.

Sobre todo, Señor, pido que mi alma pueda atesorar mi porción pequeña de la magnificencia de tu amor: el mismo amor que Pedro contempló en medida infinita, volcado en la madera donde derramaste el esplendor de tu vida como el Hijo unigénito del Padre viviente.

Púleme, prepárame y ponme a tu lado; quiero ser una piedra viva en tu casa espiritual. Amén.

APÉNDICES

Apéndice 1

Doce principios de Pedro

Principio #1: Amistad. Jesús busca una amistad contigo que transformará tu destino.

Principio #2: Llamado. Tu propia experiencia de la gracia de Jesús es la red que echarás como pescador de otros, tan necesitados como tú.

Principio #3: Rescatado. Cuando te hundes en las olas, no te salvará la fuerza de tu fe, sino la mano del Cristo compasivo.

Principio #4: Bienaventurado. Bienaventurado serás si sirves como piedra viva en la iglesia que Cristo edifica.

Principio #5: Reprendido. El Señor Jesús te reprenderá en amor para salvar tu alma de la corrupción de la carne.

Principio #6: Lavado. Tan grande es el deseo de Jesús de sentarte a su mesa, que se hizo un siervo para lavarte los pies sucios.

Principio #7: Zarandeado. En medio del zarandeo de Satanás, pon tu mirada en Aquel que nunca quitará su mirada de ti.

Principio #8: Consagrado. Si no sigues a Jesús, será imposible amar como Jesús.

Principio #9: Testimonio. Conocer a Cristo no es una decisión que tomas, sino tu participación en la plenitud de su vida.

Principio #10: Sufrimiento. Para compartir la gloria de Cristo en lo que sufres por Cristo, hay que sufrir como Cristo sufrió.

Principio #11: Gozo. Tu gozo en Cristo siempre estará en proporción a la gracia de Cristo que buscas, recibes, disfrutas y atesoras.

Principio #12: Gracia. Crecerás en la gracia y el conocimiento del Señor Jesucristo cada vez que tu alma clame: «Señor, ¿a quién iré?».

Apéndice 2

Plinio y los enemigos del estado

INFORMA *Puertas Abiertas* en su Lista Mundial de Persecución que en ciertos países, como Turquía y la India, hay una percepción acrecentada de que ser cristiano es sinónimo de ser desleal a la nación. O sea, para ser un turco leal, hay que seguir la religión del islam; para ser un indio leal, es necesario ser hindú. Bajo tal óptica, un turco o indio que decide seguir a Jesucristo es un enemigo del estado y puede ser aniquilado con impunidad. En Turquía, el gobierno ha asumido el papel de ser el protector nacional del islam, lo cual deja a los cristianos vulnerables a actos de violencia. En la India, el gobierno ha restringido el ingreso de fondos destinados para entidades cristianas, como hospitales, escuelas e iglesias. La nueva constitución del país de Túnez declara que la nación le pertenece a la comunidad islámica.[1]

Sucedía el mismo fenómeno en el segundo siglo, en la región donde vivían los cristianos que recibieron la carta del apóstol Pedro. Por ser fieles a Jesucristo, los creyentes eran catalogados como «enemigos del estado», ciudadanos desleales al poder imperial de Roma. ¿Cómo lo sabemos? La historia nos proporciona una correspondencia interesante

---

1. En línea: https://www.persecution.org/2022/08/31/new-tunisian-constitution-concerns-christians/?utm_source=CT+Daily+Briefing+Newsletter&utm_medium=Newsletter&utm_term=11362&utm_content=10636&utm_campaign=email.

entre Plinio el Joven y el emperador romano Trajano (98-117) sobre cómo manejar el «problema cristiano».

Plinio el Joven era un aristócrata romano y alto funcionario, quien servía en varios puestos del liderazgo cívico del Imperio romano. En el año 111 d.C., unos 45 años después del martirio de Pedro, fue nombrado gobernador de la provincia de Bitinia, una de las cinco provincias mencionadas en 1 Pedro 1:1. Preliminar al comienzo de su gestión, Plinio hizo un recorrido por la provincia. Durante el transcurso de este, llegaron a sus oídos varios reclamos en contra de un grupo de personas llamadas «cristianos». Plinio investigó las acusaciones y concluyó que los cristianos no eran culpables de ningún delito. No obstante, causaban problemas por su «obstinación», pues se negaban a rendirle culto al emperador romano.

Para tratar con el «problema cristiano», Plinio seguía el protocolo romano. Interrogaba a los que eran acusados de ser cristianos. Si confesaban ser cristianos, les daba la oportunidad para retractarse y renunciar a Cristo. Si confesaban tres veces que eran cristianos, los condenaba a la muerte. Plinio se creía justificado en aplicarles la pena de muerte, no solo por su «obstinación», sino también porque sus creencias habían afectado la economía local. Al convertirse a Cristo, los cristianos dejaban de comprar animales para sacrificar en los templos romanos y otros «productos» asociados con el culto imperial. Los comerciantes se quejaban por las bajas que sufrían en sus ventas, pues iba en aumento el número de creyentes en Cristo.

Plinio le escribe a Trajano para solicitar su consejo sobre la mejor manera de manejar a los cristianos, y el emperador responde que está de acuerdo con su proceder. Según Trajano, Plinio no debe andar cazando cristianos. Sin embargo, si alguien ha sido acusado de seguir a «Cristo como dios», este debe ser sujetado a un juicio de tres partes. Primero, Plinio debe pedirle que rece a los dioses romanos. Si se niega a hacerlo, debería obligar al acusado a quemar incienso delante de una estatua del emperador. Si el cristiano todavía sigue «obstinado», Plinio puede ordenarle maldecir a Cristo. El que permanezca fiel a

Cristo bajo tales condiciones es un cristiano genuino, y Plinio tiene evidencias suficientes para justificar la sentencia de muerte.

Según las cartas de Plinio, sus políticas anticristianas daban algunos resultados y había conseguido información valiosa acerca del cristianismo cuando torturó a dos «diaconisas». De ellas pudo averiguar que los cristianos se reunían para adorar cierto día antes del amanecer. En las reuniones que celebraban, le cantaban a su dios Cristo, y juraban no robar, cometer adulterio o mentir. También prometían no negarle a quien les pidiera o demandara dinero. Terminada la reunión, compartían una comida. En la opinión de Plinio, los cristianos no hacían nada ilegal en sus reuniones, sino que la religión de ellos era una «superstición perversa y extravagante».[2]

Las políticas de Plinio se hacen ver en el fenómeno contemporáneo de tildar a los discípulos de Jesucristo como «enemigos de estado». Pedro anima a los creyentes a «someterse a toda institución humana» *por causa del Señor* (1 Pedro 2:13). Ningún creyente debe padecer «como homicida, o ladrón, o malhechor, o por entremeterse en lo ajeno» (1 Pedro 4:15). Al amonestar a los creyentes en contra de tales acciones, quizá Pedro está pensando en la tentación de recurrir a ellas como medidas justificadas para resistir al gobierno romano.

Pero ante todo, Pedro prevé momentos cuando los discípulos de Cristo tendrán que decidir entre su lealtad al estado y su lealtad a su Señor y Salvador. Quiere que estén preparados, «de modo que los que padecen según la voluntad de Dios, encomienden sus almas al fiel Creador, y hagan el bien» (1 Pedro 4:19). Estas palabras no fueron solo un consejo teórico de parte del apóstol. Eran el testimonio de su vida; y no solo de él, sino de otros creyentes quienes, casi cincuenta años después, desafiaron a Plinio y al poder imperial, declarando que preferían la muerte con el Señor Jesucristo por sobre la amistad con el estado, que los denigraba.

---

2. Gerald L. Sittser, *Resilient Faith: How the Early Christian "Third Way" Changed the World* (Grand Rapids, MI: Brazos Press, 2019), 19-23.

Agradecimientos

Este libro nunca podría haber llegado a la publicación sin el empeño y la alta destreza profesional del equipo editorial de *Portavoz*. Tito, mil gracias por tu gentileza en recibir una llamada de un autor desconocido y por darme la oportunidad para compartir estos principios de Pedro con otros. Debbie, estoy en deuda contigo por la magia que haces con tu equipo para transformar un manuscrito sencillo en algo que deleita la vista.

También quiero reconocer con suma gratitud el trabajo arduo de nuestra apreciada amiga, Mariel Helena Gonnet, cuya habilidad como autora y dominio de la gramática castellana me ayudaron de muchas maneras y en muchas ocasiones.

Mi amada esposa Jenny merece mi mayor gratitud ya que me apoyó —como siempre— a lo largo de este proyecto y supo escuchar con paciencia infinita no solamente mis muchos comentarios sobre Pedro, sino también mis dudas sobre la viabilidad de este libro. Jenny, no se han acuñado palabras capaces de expresar mi deleite en caminar contigo en nuestro matrimonio y peregrinaje espiritual con Dios.

Más allá de la gratitud, la gloria es para el Señor Jesucristo quien se reveló al pescador Simón Pedro, infundiendo así ánimo, alegría y adoración eterna en millones de personas tan comunes y corrientes como él y como el autor de este libro: *Señor Jesús, concédeme una vez más la bienaventuranza de crecer en tu gracia inagotable y conocer de corazón la magnificencia de tu persona.*

¡A Él sea gloria ahora y hasta el día de la eternidad!
2 Pedro 3:18

EDITORIAL
PORTAVOZ

NUESTRA VISIÓN

Maximizar el efecto de recursos cristianos de calidad que transforman vidas.

NUESTRA MISIÓN

Desarrollar y distribuir productos de calidad —con integridad y excelencia—, desde una perspectiva bíblica y confiable, que animen a las personas a conocer y servir a Jesucristo.

NUESTROS VALORES

Nuestros valores se encuentran fundamentados en la Biblia, fuente de toda verdad para hoy y para siempre. Nosotros ponemos en práctica estas verdades bíblicas como fundamento para las decisiones, normas y productos de nuestra compañía.

Valoramos la excelencia y la calidad
Valoramos la integridad y la confianza
Valoramos el mérito y la dignidad de los individuos y las relaciones
Valoramos el servicio
Valoramos la administración de los recursos

Para más información acerca de nuestra editorial y los productos que publicamos visite nuestra página en la red: www.portavoz.com